나이들수록 향기로운 삶을 사는

_____ 님께

_____ 드림

어른
공부

어른 공부
느끼고 깨닫고 경험하며 얻어낸 진한 삶의 가치들

개정판 1쇄 발행	2022년 8월 19일
개정판 7쇄 발행	2025년 9월 25일
지은이	양순자
그림	박용인
펴낸이	신민식
펴낸곳	가디언
출판등록	제2010-000113호
주소	서울시 마포구 토정로 222 한국출판콘텐츠센터 419호
전화	02-332-4103
팩스	02-332-4111
이메일	gadian@gadianbooks.com
종이	월드페이퍼(주)
인쇄 제본	(주)상지사
ISBN	979-11-6778-050-8(03810)

* 책값은 뒤표지에 적혀 있습니다.
* 잘못 만들어진 책은 구입하신 서점에서 바꾸어 드립니다.
* 이 책의 전부 또는 일부 내용을 재사용하려면 사전에 가디언의 동의를 받아야 합니다.

느끼고 깨닫고 경험하며 얻어낸 진한 삶의 가치들

어른 공부

양순자 지음 박용인 그림

베스트셀러 《인생 9단》 이후 더 시원하고 깊어진 '인생 상담 119'
"나이만 먹지 말고, 하루하루 나아져라!"

가디언

추천의 글

나이듦의 미덕을 일깨워주고, 삶의 우선순위를 재정비하게 만드는 책!

인생의 경륜을 꼰대처럼 가르치지 않고 상대의 눈높이에 맞춰, 시원시원한 입담으로 인생살이의 원칙을 말씀하신다. 안산 동산고등학생 2,000명을 70대 할머니가 울리고 웃게 하시고 떠난 그날의 환희를 우리는 지금도 잊지 못한다. 말과 행동이 하나인 선생님 같은 어른으로 살고 싶다. **-이원희(안산 동산고 국어교사)**

따뜻한 사람이 되고 싶은 나의 인생 목표를 버리지 않는 한, 이분은 어디 계시든 영원히 내 마음속의 베프(Best Friend)일 것이다. 이 책은 좋을 때나 어려울 때나 누군가가 SOS를 치면 두려움 없이 달려가는 선생님과 닮았다. 한마디로 '인생 상담 119' 같은 책이다.
-강미라(삼일회계법인 상무)

《어른 공부》는 불혹의 나이에도 여전히 불안과 욕심 때문에 버둥거리며 살고 있는 저에게 큰 선물과 같은 책입니다. 어머니의 지혜로움을 담은 이 책은 타인의 삶을 위로하고, 마음껏 자신의 인생을 사랑하며 사는 법, 삶의 소중한 가치들을 일깨워줍니다. **-강영숙(EBS PD)**

양순자 선생님은 자판기 음료 나오듯이 어떤 문제든 술술 명쾌하게 답해준다. 긍정 전도사인 선생님을 만나면 일주일 동안 활기차게 살 수 있고, 한 달 동안 행복하게 살 수 있다. 사는 게 우울하거나 위로받고 싶을 때 읽으면 방전된 삶의 에너지가 충전된다. **―왕종근(아나운서)**

허위와 가식, 수식이 없어 선생님의 말에는 힘이 있다. 선생님은 사물의 본질을 꿰뚫어 파악하는 통찰력을 갖고 있다. 그 통찰력에 기초한 조언은 다른 사람들로부터 듣는 교과서적인 도움말과는 확실히 다르다. 선생님의 조언은 실용적 가치가 가득하고, 듣는 이로 하여금 통찰력을 갖게 해준다. **―김성만(85년 구미유학생간첩단 사건으로 사형 구형, 13년 2개월 만에 출소)**

죽음을 향해 집행장으로 가는 사형수들의 아픈 상처를 보듬어 안아준 양순자 선생님. 선생님은 항상 죽을 때 후회하지 않으려면 살아서 죽는 연습을, 죽어서도 사는 연습을 하라고 외친다. **―반칠환(시인)**

나이 든다고 저절로 어른이 되는 게 아니라는 걸, 내가 나이 들어 보니 알겠다. 좀 더 일찍 《어른 공부》가 나왔더라면 훨씬 지혜롭게 인생을 살 수 있었을 텐데. 사소한 일상생활 속에, 각자의 마음속에 숨어 있는 인생의 해답을 콕콕 짚어내는 선생님의 비결에 그저 감탄할 뿐이다. **―지재원(경기과학기술대학교 교수)**

누구보다 에너지가 강한 양순자 선생님은 그 에너지를 날마다 완전연소하고, 충전하기를 반복한다. 이 세상에 한번 왔는데 잘 살다가 가야 하지 않겠는가. 오늘 삶에 충실하고 싶은 사람들에게 일독을 권한다. 잠자리에 누울 때 하루가 뿌듯해질 것이다. **―윤장래(패밀리라이프(주) 이사)**

프롤로그

인생에도
계급장이 있다

언젠가 군부대에 강의하러 가려고 홍천터미널에서 정훈장교를 기다리고 있었어. 그때 어떤 이등병이 헤매고 있는 모습이 눈에 띄더라고. 배속을 받아 입소하러 가는 듯한데 챙겨야 할 뭔가를 놓친 모양이야.

강의가 다 끝나고도 그 이등병이 오래오래 내 눈에 어른거렸어. 그놈아는 제대로 시간 맞춰서 들어갔을까?

돌아오는 길에 인제터미널에서 서울 가는 버스를 기다리고 있었어. 거기도 군인들이 줄지어 있더라고. 인제터미널에서 만난 군인들은 하나같이 의젓하고 차분하고 단단해 보였어. 병장들이었거든. 나라를 맡겨도 되겠다 싶을 정도로 믿음직스러워.

나는 군인을 보면 반사적으로 계급장을 봐. 이등병이 힘이 없어 보이면 가슴이 찡해. 짝대기 한 줄만큼 약해 보이는 거지.

인생에도 계급장이 있어. 죽을 나이가 다 된 어른인데도 홍천터미널에서 헤매고 있는 이등병 같은 사람이 있다는 말이야.

예전에 어느 서점에서 강의를 할 때였어. 강의 말미에 작가에게 질문하는 시간이 있었어. 맨 앞에 앉은 60대 남자 분이 손을 높이 들더니 거침없이 질문을 하더라고.

"선생님은 '인생 9단'인데 인생의 고통을 단칼에 날려버릴 특효 처방은 없습니까?"

"그런 약은 없소."

나는 단호하게 대답했지. '특' 자 붙은 거 좋아하는 사람, 공짜 좋아하는 사람, 횡재 만나고 싶은 사람, 머리 굴려서 행운을 잡으려는 사람. 이런 사람들은 아무리 나이를 먹어도 홍천터미널에서 헤매는 이등병밖에 못 돼.

인생 공부는 하루하루 내가 걸어가는 발자취의 연속이야. 삐뚤어지게 걸으면 발자국이 삐뚤어지게 박히지. 바르게 걸으면 바르게 박히고.

초봄에 콩을 뿌려놓고 감자 캐러 가는 사람은 없을 거야. 자기 발자국은 누구보다 자기가 더 잘 알아.

직장 구하기가 힘들다고 젊은 친구들이 힘들어해. 이력서 100

장을 썼다는 젊은이들도 있더라. 한꺼번에 똑같은 내용으로 100장을 쫙 써놓고 한 장씩 갖고 가는 것은 아닐까?

그래서야 일이 풀릴 리가 없지. 자기가 구하는 직장에 맞게끔 그때 그때 이력서를 다시 써야 돼. 쓸 때마다 내가 그 직장에서 어떤 기여를 할 수 있는지 고민해서 색다르게 이력서를 준비해봐. 이런 이력서는 면접관의 눈동자를 붙잡아 매는 마력을 갖고 있거든.

고(故) 정주영 회장은 직원을 면접할 때 상대의 두 눈을 보면 결판이 난다고 했어. 고민 없이 후루룩 써놓은 이력서 한 장 들고 온 사람과 한 장을 쓰더라도 전력을 다한 사람은 달라. 눈을 보면 알 수 있지.

불안에 떨고 있는 눈이 있는가 하면 당당함이 느껴지는 눈이 있어. 당당한 눈동자는 면접관의 마음을 끌어당기지. 나도 강의를 하다보면 나도 모르게 내 눈이 한곳으로만 집중되는 것을 느껴. 그것은 강의를 집중해서 듣는 사람의 힘에 내 무의식이 끌려가고 있는 거야.

내가 가고 싶은 직장이 안 되면 다음 직장을 기다리면서 그 시간을 잘 활용해봐. 그처럼 힘든 시간에 제대로 인생 공부를 할 수 있어. 진짜 어른이 되어가는 시간인 거지.

우리 집 둘째 딸이 대학교 졸업을 6개월 앞둔 때였어. 자기가 가고 싶은 신문사에 원서를 냈는데 떨어졌지 뭐야. 딸아이는 맹

랑하게도 신문사에 찾아가 왜 자기를 떨어뜨렸냐고 물었대. 그랬더니 졸업하고 오라고 그랬다는 거야. 당당하게 찾아가 따져 물은 용기를 높이 평가받아 결국 딸아이는 졸업 전에 원하던 신문사에 취직했어. 취직하면 당장 취재하고 기사 쓰고 할 줄 알았더니 하는 일이 커피 심부름, 복사 같은 허드렛일이었지. 딸아이는 8개월 후 회사를 관두었어.

얼마 후 대기업 사보팀에 입사했어. 거기서는 윗사람들한테 이쁨을 많이 받았지. 예전 직장에서 했던 허드렛일이 딱 힘을 발휘한 거야. 경험을 통해 성숙한 거지.

일이 자꾸 꼬이고 힘이 들 때는 일이 안 풀린다고 고통스러워하거나 타박하지 말고 일단 받아들여. 부정적인 사람은 행복을 만나기 어렵고, 늘 불평불만을 쏟아내는 사람은 행복할 수 없어.

반대로 긍정적인 사람은 불행을 만나기 어렵다는 말이야. 어려운 상황을 긍정적으로 잘 수용하면 분명히 답이 나와. 어려운 숙제할 때 참고서 보고, 공부 잘하는 사람에게 물어보고 답안지 작성하듯 어려울 때 힘이 될 만한 멘토가 있으면 더 좋겠지.

나는 30여 년 동안 서울구치소에서 사형수를 상담했어. 사형수들에게는 아무런 희망도 말해줄 수가 없어. 사형선고를 받아놓고 하루하루 집행을 향해 걸어가고 있는 그들의 삶을 누가 감히 삶이라고 말할 수 있겠냐고. 그것은 불행이요, 절망이야. 그들에겐 내일이 없기 때문이야. 이보다 더 불행한 인생은 없어.

나는 극도의 불안감과 절망 속에서 시들어가는 사형수들을 보면서 인생의 의미가 무엇인지 수도 없이 생각해봤어. 그리고 그들과 이별하면서 잘 산다는 것이 무엇인지 나름대로 깨달았지. 한마디로 그들을 통해 어른이 된 거지.

이제부터 그 이야기를 나누려고 해. 그렇다고 내가 뭐 대단한 진리나 인생의 해답을 찾은 것은 아니야. 다만 남들보다 좀 더 '찐한' 인생을 산 선배로서 희미한 희망의 빛이라도 비춰주고 싶은 마음인 거지.

어른이 되는 공부라는 건 특별하거나 거창한 게 아니야. 마냥 이등병으로 인생을 살 수는 없어. 상병, 병장으로 진급하는 건 당연한 거고 그 계급에 어울리게 처신해야 돼. 병장이 이등병처럼 굴면 얼마나 꼴불견이겠어.

이 책으로 인생 계급장이 한 단계 두 단계씩 성장한다면 나로서는 정말 보람차고 기쁜 일이야.

차례

추천의 글 나이듦의 미덕을 일깨워주고,
삶의 우선순위를 재정비하게 만드는 책! 4

프롤로그 인생에도 계급장이 있다 6

1장 어른으로 살아볼래?

이별도 연습이 필요하다 16
삶은 원래 힘들다, 엄살떨지 마라 22
내 복(福)을 짓는 마음 28
살아가는 이유는 남이 만들어주지 않는다 34
내 눈에 안경이면 어때서? 41
마음을 따라가는 계산법 45
정상에 오르려고 안달복달하지 마라 50
어른도 고물고물 혼자 잘 놀아야 예쁘다 55
휴식1) 시간이 지나면 약이 되는 것-아픔이라는 녀석 59
휴식2) 시간이 지나면 독이 되는 것-스트레스라는 놈 63

2장 사람부자가 옹골진 부자다

결국에 바보가 웃는다 70
진짜 사랑은 눈으로, 느낌으로 75

이런 친구 하나 있으면 더 바랄게 있을까 81
인간보험은 돈으로 못 든다 86
노는 물이 같아야 편하다 91
따뜻한 말 한마디, 죽어가는 사람도 일으킨다 97
휴식3) 기쁨은 나누면 배-마두역 꽃 가게 102
휴식4) 슬픔은 나누면 반-외로운 남자들 104
휴식5) 나눔의 원칙-마음으로 보낸다 108

3장 자식은 부모라는 토양이 중요해

어머니의 가슴은 절대 차면 안 된다 112
선생님은 누가 지켜주나 120
지구상에 사랑의 매는 없다 125
교과서 같은 부모가 되려고 하지 마라 129
남의 아이에게 상처 주면 내 아이도 함께 다친다 133
부모를 보면 아이의 앞날이 보인다 140
휴식6) 빨리 심어주면 좋은 것-삶의 이정표 144
휴식7) 지긋이 기다려주면 좋은 것-재능 146

4장 인생차선, 지키면서 살자

좋은 습관도 나쁜 습관도 내가 만든 작품 152
약속은 지키라고 있다 155
선의의 거짓말이 있을까? 158

죄 짓고는 절대 못 산다 162
죽을 죄를 졌으면 죽어야지 168
거저 얻어지는 것은 없다 173
남보다 조금 앞섰다고 뽐내지 마라 178
휴식8) 잃어버려서 좋은 것-나이 182
휴식9) 찾아서 잘된 것-감사 187

5장 마무리가 깔끔하면 머물다간 자리도 아름다워

작은 행복이 소중하다 192
내 인생의 내신성적은 몇 점? 201
누구나 운명이 다하면 떠난다 205
어떤 얼굴로 작별할 것인가? 211
내 비문에 새겨놓고 싶은 말 215
암도 함께 안고 가리라 219
휴식10) 세상에 남기는 마지막 편지-유서 222

에필로그 지상에서 마지막 기도 230
두 분의 선생님께 바치는 편지 234

1장

어른으로 살아볼래?

이별도
연습이 필요하다

사람이 살아가는 동안에 쓰나미처럼 예고 없이 찾아오는 사건이 있어. 바로 죽음이지.

준비 없이 맞아야 하는 피할 수 없는 숙명에 우리는 어떻게 대처해야 하는가? 가장 깊은 곳에 있는 내가 대답해.

'가장 자기다운 것으로.'

나는 2년 전 의사에게 암 선고를 받았어. 의사가 조심스럽게 말문을 열었어.

"한참은 힘들 겁니다."

의사가 두 마디를 꺼내기도 전에 나는 이미 현실을 받아들였어. 드디어 올 것이 왔구나.

'아니, 왜 하필 나한테?'라고 반문하지 않았어. 그동안 그래도 좋은 일도 많이 하고 착하게 살아왔는데, 나에게 왜 이런 일이 일어났을까, 억울해하지도 않았어. 사실 좋은 일을 했으면 또 얼마나 했겠어.

"나는 수술은 안 하겠습니다. 내 속에 있는 암과 함께 가겠습니다."

나는 이미 암을 받아들였기 때문에 의사선생님께 담담하게 내 의사를 전했어.

친구 말마따나 코딱지만 한 내 집, 아침저녁 쓸고 닦고 해서 다시 청소하러 갈 일도 없고, 나 죽었다고 내 자식들 찾아가 엄마 빚 대신 갚으라고 할 사람도 없어. 또 내가 죽으면 몇 가지 안 되는 내 물건을 가져갈 임자도 이미 정해놓았어. 더 이상 정리할 것도 없었지. 죽기만 하면 되는 일이었어. 20년 동안 매년 연말에 유서 쓰면서 정리를 해서 용서할 일도 용서 받을 일도 대충 없는 듯했어. 이렇게 정리 다 하고 갈 수 있는 복을 몇 명이나 누리겠어.

나는 30여 년 동안 집행장으로 가는 사형수들을 곁에서 지켜보았는데 각자 짊어지고 있는 짐 때문에 죽을 때조차 마음 편히 가지 못했어. 임신한 처녀도 할 말이 있다더니 죽음마저도 각자 할 말이 많더라. 지금은 못 간다고, 조금 더 살아서 정리할 일이 있다고 악을 쓰지.

사형수는 집행 날을 모르고 집행장으로 가. 갑자기 문을 열고 몇 사람이 들이닥치면 오늘이 가는 날이구나 직감할 뿐이야. 어떤 사형수는 그 자리에 주저앉아 오물을 쏟고 일어서지를 못해. 집행장으로 가기 전에 이미 죽은 거나 마찬가지야. 어떤 사형수는 소리 소리 지르면서 '나는 못 가, 나는 못 가' 하고 통곡을 해.

어린 시절, 나는 소가 도살장으로 끌려가는 모습을 봤어. 도살장 가는 길이 바로 우리 집 앞이었거든. 그때 나는 소가 우는 것을 보았어. 도살장까지 가는 길이 아직 많이 남아 있는데도 소는 눈물을 흘리더라고. 자기가 어디로 가고 있는지를 아는 거야.

그러니 사람은 오죽하겠어. 죽음 앞에서 떨지 않을 사람이 누가 있겠어. 그래서 카뮈(Albert Carmus)는 죽음을 놓고는 그 어떤 사건도 의미를 잃어버린다고 했지.

그러나 죽음이라는 단어를 두려워할 필요가 없어. 죽었다고 생각하고 한번 살아봐. 그러면 용서 못 할 일도 없고, 싸울 일도 없고, 속상해할 일도 없어. 하루가 덤으로 오는 보너스 같아. 그래서 매일 고맙지. 물건 살 때 하나 더 주면 기분 좋아지는 것처럼.

나는 사형수들을 떠나보내면서 죽음이라는 단어 앞에서 의연해졌어. 돌이켜보면 이별 연습은 사형수들이 나에게 가르쳐주고 간 인생 공부야. 사형수들에게 일러준 대로 나도 가면 되는 거야.

어떻게 죽을 것인가를 생각해두면 어떻게 살아야겠다가 환히 보여. 죽는 얘기라고 무작정 기분 나빠할 일이 아니야. 이런 마음

가짐으로 살면 한 번도 가본 적 없는 세계로 가는 길이 불안하지 않아. 그냥 마포에서 일산으로 이사 가는 것처럼 편안하게 받아 들일 수 있어.

이사 와서 보니 이 동네가 전에 살던 동네보다 더 좋네, 하면 천당에 온 것이요, 전에 살던 동네보다 훨씬 나쁜 동네에 왔네, 하면 지옥에 온 거야. 다른 마을로 이사 가는데 좋은 옷 입고 행복한 마음으로 가야 그 마을에서도 행복하게 살겠지.

헝가리의 종군사진 작가 로버트 카파(Robert Capa)는 1936년 스페인 내전에서 촬영한 '병사의 죽음'이라는 작품으로 유명해졌어. 또한 노르망디 상륙작전이 성공할지 실패할지도 모르는 불확실한 상황에서 카파는 빗발치는 폭탄 속에서 느끼는 전율의 순간을 카메라에 담았어. 그의 사진을 보면 당시의 긴박함과 전쟁의 현장감을 생생하게 느낄 수 있어. 그의 최후의 작품은 인도차이나전. 다른 종군사진 기자들이 머뭇거리는 사이에 카파는 과감하게 나가서 논에서 전투 중인 소대를 촬영했어. 다른 각도에서 군인들을 찍으려고 도랑을 오르다 대인 지뢰를 밟았어. 왼쪽 다리가 잘려나가는 순간에도 한 손에 카메라를 꼭 쥐고 있었지.

그의 자서전에는 그날의 기록이 생생하게 담겨 있어. 그는 왼쪽 다리를 잘라야 한다는 선고를 받은 후 그날을 기다리면서 왼쪽 다리와 이별하는 연습을 했대. 매일 기도하면서 왼쪽 다리와 대화를 나눴어. 왼쪽 다리에게 사랑하고 미안하다고 하면서 차근

편집자 주

양순자 선생님은 자신이 이 책에 쓰신 대로 암과 함께 살며 죽음을 받아들여 2014년 7월 의연하게 세상과 이별하셨습니다.

차근 이별을 연습했다는 거야. 수술 하루 전날은 자신이 사랑하는 사람들을 다 초대했어. 그리고 자기가 가장 좋아하는 간호사와 좋아하는 음악을 들으면서 밤이 새도록 춤을 추었어. 다음날 왼쪽 다리와 이별을 했어. 그 후 20년이 지났지만 단 한 번도 왼쪽 다리를 그리워하지 않았다고 해.

내가 살아야 할 이유를 찾아 열심히 산 사람은 죽음에 의연할 뿐 아니라 이별도 잘해. 자꾸 뒤돌아보는 것은 거기에 다하지 못한 미련이 있어서야.
하루하루가 내 인생의 마지막 날이라고 여기며 목숨을 걸고 살아온 사람은 이별도 쉽게 할 수 있지. 이별이 명확하지 않은 사람은 모든 것이 다 불량품이야.

삶은 원래 힘들다, 엄살떨지 마라

37살 아직 젊은 나이에 나는 겁도 없이 서울구치소 사형수 담당을 자원했어. 내 삶이 너무 버거워 죽고 싶다는 생각밖에 없을 때, 사형수들은 어떤 생각을 하면서 집행을 기다리고 있을까, 알고 싶었지. 그러면서 시작한 세월이 어느새 30년이 넘었어.

사형수들과 긴 세월을 함께하다 보니 안개에 옷 젖듯 나 자신이 사형수가 된 것 같은 착각 속에 행동할 때가 있어. 강의를 하러 조금 먼 길을 나설 때는 물론이고 잠깐 외출을 할 때도 나는 항상 집 안을 깨끗이 정리해. 깔끔하게 정리해놓고도 현관에 서서 한 번 더 집 안을 둘러보곤 하지. 마치 다시 돌아오지 못할 마지막 길을 떠나는 사람처럼.

12월이 되면 내가 의식처럼 하는 일이 있어. 카드나 연하장을 보내는 대신 나 때문에 마음 상한 사람이 있는지 헤아려보고 그 사람에게 편지를 써. 평상시에도 마음에 걸리는 일이 생기면 미루지 않고 바로 해결해버리지. 마치 내일이 없는 사람처럼 그렇게 사는 거야.
　사형수들은 언제 사형이 집행될지 모르기에 늘 오늘이 마지막이 아닐까 마음 졸이며 하루하루를 살아가지. 그래서 그들은 날마다 죽는 고통을 느껴. 죄는 짧은 순간에 저질렀지만 죄의 값은 길어. 2~3년, 길게는 6~8년 동안 언제 죽을지 모른다는 두려움에 피가 마르는 고통을 느끼며 시들어가지.
　그들이 그렇게 감옥 안에서 시들어가고 있을 때 가족들 역시 그와 똑같은 시간을 사는 거야. 그러다 어느 날 사형 집행을 당해 저세상으로 가버리면 가족들도 함께 죽는 고통을 치르는 거라. 어느 사형수의 어머니는 그 고통을 이기지 못해 끝내 자살로 아들의 뒤를 따랐는가 하면, 어느 어머니는 울다 지쳐 실명해버린 경우도 있어.
　날마다 오늘이 집행날은 아닐까 가슴 졸이다 떠나는 것이 사형수의 운명이지. 감옥 밖에 사는 우리는 영원히 살 것처럼 살다가 어느 날 갑자기 떠나고. 사형수와 우리에게는 다만 그 차이가 있을 뿐이야.
　결국 우리는 모두 사형수야. 오늘 이렇게 살아 있으니 오늘이 있을 뿐이요, 내일은 와봐야 오는 것이지.

내일 만나기로 한 약속은 지켜지지 않을 가능성이 있는 거야. 그러기에 나는 오늘 이 순간이 내 생애 마지막이라고 생각하면서 살려고 해. 나는 되도록이면 약속은 하루에 하나만 잡아. 바쁘다고 적당히 지나치면 반드시 후회가 남기 마련이거든.

어느 날 후배가 침통한 표정으로 "언니, 죽고 싶어요."라고 말하더라고. 뭐가 그렇게 힘들어서 죽고 싶으냐고 물었지. 듣고 보니 그것도 고민인가 싶은 거야.

어찌 보면 세상 모든 고민이 다 그래. 대부분 마음 한번 바꾸면 그냥 아무것도 아닌 일이 돼 버리는 것을 고민이랍시고 인상 쓰고 괴로워하고 있는 거거든.

걱정이나 고민도 습관이라, 사람들은 자꾸 고민거리를 만들어 내. 시간이 지나고 나서 생각하면 그때 내가 뭘 고민했나 생각도 안 나는 경우가 많지.

나는 후배가 실컷 얘기하도록 가만히 듣고만 있었어. 그러고는 이렇게 말했지.

"이 언니가 네 고민을 풀어주마. 내게 몇 시간만 주라."

나는 그 애를 차에 태우고 금촌 기독교묘지로 갔어. 이 산 저 산 봉우리를 병풍처럼 두르고 바둑알 같은 무덤들이 쭉 자리 잡고 있는 곳이야. 늦게 출발해서 해는 이미 산허리를 넘어가버린 뒤라 음산한 기운이 감돌더군. 금방이라도 뒤에서 뭔가가 걸어 나올 것만 같아 무섭더라고.

내가 상담하던 사형수 중에 8명이 여기 묻혀 있어. 돈이 넉넉 하지 못해 자투리땅을 사서 묻어주었는데, 살아생전 그이들 모습 처럼 초라하고 쓸쓸해 보였어. 여기저기서 "집사님 오셨어요?" 하고 상담실에서 만난 것처럼 인사하는 듯했어. 국화꽃을 한 송 이씩 묘 앞에 놔두고 나서 후배하고 나란히 사형수들 묘를 바라 보면서 앉아 있었지.

"정말 죽고 싶으면 죽어라. 내가 사형수들도 이렇게 묻어주었 는데 너 하나 못 묻어주겠냐?"

그러자 후배가 기겁을 하면서 내 손을 잡아끄는 거야.

"아이고, 언니! 으슬으슬 막 몸이 아프네요. 다시는 그런 말 안 할 테니 어둡기 전에 빨리 서울로 갑시다."

나는 그 손을 붙들고 이렇게 말했어.

"또다시 그런 배부른 소리 하면 안 된다. 앞으론 몇 번씩 되씹 어보고 말해라. 가슴에서 생각하고 나오는 말, 그런 말을 하자. 사람들은 너무 쉽게 인생의 끝을 말하더라. 사형수들은 '사형만 면하게 해주면 죽는 그날까지 살과 뼈가 가루가 되도록 좋은 일 만 하다 가겠습니다.' 하고 간절하게 용서를 빌어. 그래도 집행장 으로 가는 길밖에 없어. 우리는 살아 있음을 감사하자. 나는 사형 수들을 만나면서 무엇이 정말 괴롭고 고통스러운 것인지를 알게 되었어. 그러다 보니 어지간한 일로 괴롭다느니 힘들다느니 하는 말은 안 하게 되더라. 풀어서 풀릴 수 있는 것은 괴로움이 아니요, 참고 기다려서 해결되는 것이면 고통이 아니더라. 세상 살아가면서 곤란이 없기를 바라지 말자."

불교 경전인《보왕삼매경》을 보면 이런 말이 나와.
"세상살이에 곤란함이 없기를 바라지 말라.
세상살이에 곤란이 없으면
업신 여기는 마음과 사치한 마음이 생기나니
그래서 옛 성인이 말씀하시되,
근심과 곤란으로써 세상을 살아가라 하셨느니라."
나는 처음에 이 문구를 보고 가슴이 철렁 내려앉았어. 그래, 내가 살면서 곤란이 없기를 바라고 있으니 이렇게 고통스럽고 불행하구나. 인생이란 늘 해야 하는 숙제를 만나는 과정이구나.

나도 죽고 싶을 때가 있었어. 나한테만 왜 이런 곤란이 찾아오는지 이렇게 힘들게 사는 게 무슨 의미가 있는지 도대체 알 수가 없었지. 이렇게 사느니 차라리 죽는 게 낫겠다, 그 생각뿐이었어.
그래서 사형수를 만나러 교도소로 갔고, 거기서 많은 사형수들을 만났지. 그리고 수없이 많은 이별을 경험했어. 살 수만 있다면 가장 선하고 의미 있게 살고 싶다고 절규하는 사형수들을 보면서 그들에게서 얻은 큰 교훈이 있어.

그래도 인생은 살 만하다는 것.

당신도 살다보면 그 말의 의미를 알게 될 거야.

내 복(福)을
짓는 마음

기흥에 있는 삼성 연구단지에서 한 달간 강의를 한 적이 있어. 마지막 강의를 앞두고 있던 어느 날 담당직원이 전화를 했더라고.

"지난 30년간 사형수를 교화했다고 직원들에게 선생님을 소개했습니다. 그런데 왜 선생님께서 한 번도 사형수 이야기를 안 해주느냐고 직원들이 항의를 합니다. 이번 주가 마지막인데 한 번만 말씀해 주십사고 부탁드립니다."

그래서 금당 골동품상 주인 부부를 살해한 범인인 박철웅 이야기를 좀 해줬지. 박철웅 사형수는 나를 통해 참회록을 썼기 때문에 이미 세상이 다 아는 사건이라 가끔 그 얘기는 해. 박철웅은 세 사람을 살해해서 자기 집 정원에 매장했다가 3개월 뒤에 붙잡

했지.

 그때 박철웅은 그 3개월이 자기 인생 중 가장 힘들고 고통스러웠다고 했어. 양주 두세 병을 마셔도 잠들지 못하고 악몽에 시달렸대. 결국 잡혀 들어와 구치소 독방에서 첫날 밤을 지내는데 가장 평안한 잠을 잤다고 했어.

 2년 6개월간 나는 박철웅을 상담했어. 그는 구치소 안에서 신앙생활을 열심히 했지. 얼마나 열심이었는지 사도바울이라는 말을 들을 정도였어. 그는 죽기 전에 '나처럼 살지 말아라' 하는 의미에서 참회록을 썼어. 그 책은 83년도 집행 후 출간되어 베스트셀러가 되었고, 그 인세로 심장판막증을 앓는 세 아이가 수술 후 새 삶을 얻었지.

 다른 사형수 이야기는 절대 안 해. 왜냐고? 그 사람들은 너무나 불행하게 살다 간 사람들이야. 그들은 이미 세상을 떠나 아무 말도 할 수 없는데, 나는 불행했던 그들의 삶을 허락도 없이 강의 내용으로 활용하기 싫었어. 단지 그들을 통해 내가 배운 교훈을 말해주는 정도만 하고 싶을 뿐이야. 그래서 TV 방송도 거절해. 한 사람의 처절한 불행을 사람들은 신기하게 듣고, 나는 무심하게 그 불행을 이야기하고. 미안하지 않겠어? 그래서 그들의 삶을 쉽게 말할 수가 없어.

 종교위원은 한 사형수를 만나서 그가 죽는 그날까지 평안한 마음으로 생을 정리하도록 도움을 조금 줄 뿐이야. 내가 할 수 있는 일은 집행장으로 가는 길이 절망으로 가는 길이 되지 않게 도와주는 거지. 내가 할 수 있는 일은 거기까지야.

한 사람의 사형수를 만나고 집행을 당할 때까지 함께하면서 생전 경험해보지 못한 드라마 같은 세상을 보게 돼. 저렇게 불행할 수도 있을까. 태어나면서부터 불행을 깔고 나온 인생. 세상이 그 불쌍한 인생에 또 돌을 던져. 온갖 멸시를 온 몸으로 받아내면서 악해질 대로 악해지고 사나워지고 거칠어져. 마치 사형대를 골인지점으로 알고 달려온 사람들처럼 보여.

불행은 가정에서 시작돼. 성숙하지 못한 부모, 책임감이 무엇인지도 모르는 가정에서 보호 받지 못한 생명들은 인생의 방향을 잡지 못하지. 브레이크가 고장 나버린 거야.

너무나 불행한 그들을 보면서 가슴 아파 돌아설 수가 없었지. 그러다 보니 대단한 도움도 주지 못하면서 오랜 세월을 그들 곁에 있었던 거야.

사람들은 내가 30년 동안 종교위원을 했다는 것을 알고 나서는 그동안 얼마나 많은 봉사를 했냐고 물어. 그것은 절대 잘못된 말이지. 그 시간은 봉사의 시간이라기보다는 배움의 시간이었어. 어디서도 배울 수 없는 인간 공부, 그리고 어떻게 살아야 하는지를 알게 해주는 인생 공부였던 거야. 알고 보면 사형수는 우리 종교위원을 공부시켜주고 간 사람들이지.

요즘 사회 봉사에 대한 관심이 많아졌는데, 좋은 일이지. 관심만 가지면 사회에 봉사하는 길은 사방천지에 널려 있어. 그런데 교도소 봉사만큼은 섣불리 대들었다가 큰일 날 수 있어.

봉사자 중에는 어떻게 해서라도 종교를 통해 사형수를 바로 서게 할 욕심으로 헌신적으로 활동하는 분이 있어. 그러다 크게 상처를 받는 일이 자주 생기지. 재소자나 사형수는 파도도 없는데 저 혼자 허물어져. 쌓아놓고 돌아서면 금방 스러져버리는 모래성처럼. 대개 교도소에서 출소한 사람을 도왔다고하면 그 다음에 그 사람이 확 변해서 딴사람이 됐다, 뭐 이런 감동적인 이야기를 기대하는데, 그런 경우는 많지 않거든. 많지 않은 게 아니라 드물지.

내가 한 번 도와줬다고, 충고 한마디 해줬다고 그 사람이 바뀔 거라고 기대하는 거, 그거 오만한 거야. 욕심이라니까. 예수님 부처님 말씀을 직접 들은 사람 중에서도 나쁜 짓 하는 사람이 있는데, 우리가 뭐 그렇게 대단하다고 한 번에 사람이 바뀌길 기대하느냐 말이야. 그런데 내가 뭔가 큰 변화를 이루어내겠다고 대들면 나만 다치게 되어 있어.

사람을 변화시키는 일은 쉬운 게 아니야. 나는 딸에게 신발을 반듯하게 벗어놓으라고 20년 넘게 가르쳤어. 그런데도 결국 그 습관 하나를 못 고치고 시집을 보냈어.

내가 낳아 기른 딸의 작은 버릇도 바꾸어놓기 힘든데, 사형수들의 생각을 바꾸는 일이 쉽겠어? 우리가 상상할 수도 없는 불행을 온 몸으로 겪으면서 살아온 사람들이야. 잠시 도움을 좀 줬다고 금방 새사람이 되기를 바란다는 건 아까도 말했지만 지나친 욕심이고 오만이지.

그러니 내가 사형수를 도운 것도 없고, 나로 인해서 누가 새사람이 되었다고 말할 수도 없어. 그냥 나는 응급조치만 해준 거지. 그저 물에 빠진 사람 손 한번 잡아주고, 차도 한복판에서 울고 있는 아이 인도에 데려다준 거야. 물에 빠진 사람 보따리까지 찾아주고, 차도에서 우는 아이 부모까지 찾아주면 좋겠지만, 끝이 어떻게 될지 그거 보겠다고 생각하는 사람들은 대체로 오래 못 가. 내가 남 좀 도와봤는데 안 되는 인간은 정말 안 된다는 둥, 사람이 정말 싫다는 둥 그런 뒷소리나 하고 다니기 십상이지.

스님들은 공부할 때 집집마다 다니며 탁발하는 시간을 갖는다고 해. 탁발에 대해 잘 모르는 사람들은 스님이 동냥하는 것으로 오해하기도 하지. 나 역시 그 의미를 알기 전에는 그렇게 생각했어. 그러다 우연한 기회에 한 스님에게 탁발의 의미를 듣게 되었어.

"탁발은 나 자신을 '조복'하기 위한 공부입니다. 남 앞에 내가 낮아지는 자세를 배워야 내가 바로 설 수 있거든요. 스님이 되면 우선 탁발을 잘해야 한답니다. 우리가 좋은 일을 하면 복을 받을 텐데, 좋은 일을 하고 싶어도 상대가 있어야 하는 것 아닙니까?"

연말연시나 명절 무렵이면 고아원이나 양로원, 복지시설 등을 찾는 사람들이 많지. 그때 우리는 불우한 이들을 위해 봉사하고 물질적 도움을 좀 주었다고 뿌듯함을 느끼지. 그런데 스님 말씀대로라면, 복을 짓게 해준 이들에게 고마워해야 하는 거야. 나눌 수 있는 기회를 준 그들에게 고마워해야 한다는 말이지.

살아가는 이유는 남이 만들어주지 않는다

30여 년 전 무악재 아래 현저동 101번지에 위치했던 서대문 형무소. 한 많은 원혼들이 지금도 살아 있는 것만 같아 소름이 끼치는 곳.

죄지은 사람이 교도소에 들어가기는 쉽지만 지은 죄도 없이 교도소에 들어가기는 어려워. 법무부장관 위촉을 받아 종교위원이 되면 들어갈 수 있지. 교도소에서 봉사하고 싶다고 아무나 들어갈 수 없는 거야. 종교단체를 통해서만 심사를 받을 수 있으며 까다로운 신원조회를 거쳐야 돼.

구치소에 종교위원을 두는 이유는 구치소 내에서 해야 하는 일이 많기 때문이야. 종교위원들은 교도소 직원들의 손길이 미치지 못하는 일을 해. 그중에서 가장 중요한 일은 사형수를 위해 종교 상담을 해주는 거야.

　서울구치소에는 사형수가 많이 있었어. 사형선고를 받고 나면 정신적으로 평안할 수가 없어. 잠을 자면서도 사형수는 악몽에 시달려. 그야말로 피를 말리는 고통 속에서 하루하루를 사는 거지. 언제 찾아올지 모르는 집행일을 두려워하면서. 그러다 보니 극심한 스트레스로 인해 사고도 치고 자해도 해서 직원들을 항상 긴장하게 만들어.

　종교위원은 매주 정해진 날에 찾아가서 사형수를 면담하고 신앙 상담과 함께 위로하는 시간을 가져. 힘든 시간을 견뎌낼 수 있도록 자유롭게 대화를 나누고 예배도 함께 봐. 불안하고 고통스러워 잠 못 이루는 사형수를 형제처럼 다독거리면서 한 명의 사형수와 2~3년을 함께 보내.

　구치소가 의왕시로 이전되기 전 현저동에서는 1년에 한 번은 연말에 꼭 집행을 했어. 물론 현재 우리나라는 사형집행 정지 국가라 15년째 사형집행을 안 하고 있지.

　어느 날 구치소에서 어느 사형수에 대해 형 집행을 했다는 연락이 와. 한달음에 구치소로 달려 가보면 안타깝게도 가족이 안 오는 경우도 많이 있어. 사실 사형수가 되는 그날로 가족이 해체되는 경우가 대부분이야. 가족이 오지 않으면 종교위원이 도맡아서 장례를 치르지. 설령 가족들이 와도 할 수 있는 것이 없다 보니 종교위원이 많은 부분을 처리해.

　간혹 사형수가 세상을 떠나면서 종교위원에게 또 다른 짐을 남기는 경우가 있어. 사형수는 자기가 죽으면 돌봐줄 사람 하나 없이 남게 될 아이들과 노모 걱정을 많이 해. 어느 사형수는 노모에게 두 아들을 짐으로 남겨놓고 가는 것을 가장 힘들어했지. 내가 가끔 찾아가 돌봐줄 테니 평안히 가라고 말했어. 그는 세상을 떠났지만 약속한 대로 아이들을 돌봐줘야 하는 짐은 고스란히 나에게 남지. 사형수의 집에 가서 어린 아이들을 보는 일은 사형수를 보는 것보다 더 가슴이 아파. 먹을 것 좀 사주고 온다고 고민이 끝나는 것도 아니야.

　사형수가 남긴 또 다른 짐에 종교위원의 마음은 무겁기만 해. 그래도 종교위원들은 힘들다는 불평 없이 묵묵히 마무리를 하지.

　많은 세월이 지나갔지만 내 기억 속에 남아 있는 가장 가슴 아픈 사형수 한○○ 씨 이야기를 할까 해.

　한○○ 사형수는 딸만 일곱 명을 두었어. 생활이 어려워 딸들을 남의 집 식모로 보내서 생활을 근근히 해가는 가난한 시골 농부였어. 50만 원의 빚 독촉에 시달리고 있던 중 딸아이가 식모살이를 하는 잠실 집으로 찾아갔어. 그리고는 주인에게 딸이 일해서 갚을 테니 50만 원만 빌려달라고 했지. 주인은 매몰차게 거절했대. 이때 화장대에 놓인 보석이 눈에 보이더래.

　한○○은 '저 반지 하나면 빚을 갚을 수 있겠다' 싶어 그 자리

에서 강도로 변했어. 사력을 다해 대드는 주인을 뿌리치고 그 집을 그냥 도망쳐 나왔어. 그런데 그 주인은 넘어지면서 장롱에 머리를 부딪혀 죽고 말았어.

한○○은 신문을 보고서야 주인이 죽었다는 것을 알고 대전의 한 사찰로 갔어. 법당 앞에 5천 원을 올려놓고 기도한 후 사찰 아래에 위치한 파출소로 향했어. 자수하러 가는 길이었지. 그때 죽은 주인의 시어머니를 그 절 앞에서 딱 만난 거야. 평소 한○○과 조금 아는 사이였던 것 같아.

"제가 지금 자수하러 갑니다."

둘은 함께 파출소에 가서 자수를 했어.

재판 날 한○○이 자수했다는 증인으로 죽은 주인의 시어머니가 출석했는데 막상 판사 앞에서는 "내가 잡아 왔다"고 증언을 해버렸어. 변호해줄 변호사도 없고 꼼짝없이 한○○은 사형선고를 받았어.

50대 젊은 남자가 늙은 할머니에게 붙잡혀 왔다는 말을 법정에서도 믿지 않았대. 하지만 재판에서 증거와 증인은 결정적인 역할을 하므로 한○○은 지고 말았어. 한○○을 살려주고 싶었던 법관들은 더 이상 증인이 없으면 그림자 같은 것이라도 가져오라고 했을 정도였어. 그러면서 절에 계시는 스님을 찾아가 스님이 법정에 오시기 힘들면 도장이라도 하나 받아오라고 했어. 나는 그 절을 여러 번 찾아갔지만 끝내 도장을 받지 못했어.

죽을 날도 얼마 남지 않은 노인이 끝까지 내가 잡아 왔다고 거짓 증언을 한 연유가 무엇일까? 그 노인은 절에 가서 무슨 기도를 했을까?

나는 한 사람을 살려달라고 목이 타도록 애원했어. 그러나 그 사찰과 주변 사람들은 관심을 보이지 않았어. 냉정한 사람들. 사형선고를 받고 저세상으로 가야 하는 한○○도 불쌍했지만 그들이 나를 더 슬프게 했어. 그때 나는 몹시 힘들고 지쳤어. 인생이 딱 싫어지더라.

교도소에서 만난 사형수 중에 가장 선량한 농부 아저씨였는데…. 가난 때문에 딸 일곱과 뿔뿔이 떨어져 살아야 했던 사람. 빚 50만 원에 목이 묶여 끝없이 몸부림치다 마지막 지점에서 강도로 돌변해버린 사람. 살인을 안 했지만 사형을 선고 받은 사람. 가난 때문에 죗값을 더 치르고 간 사람. 변호해줄 변호사 한 사람 없이 홀로 간 사람.

다행히 그는 집행을 하기 전 위암으로 세상을 먼저 떠났어. 정말 다행한 일이었지. 마지막 그 작은 복은 받고 갔어. 때 아닌 철에 수박이 먹고 싶다고 해서 수박도 먹고 수의를 입고 간 유일한 사형수야.

이렇게 저렇게 수많은 사연을 각자의 색깔대로 남겨놓고 8명의 사형수가 나를 떠나갔어. 사형수 한 사람 한 사람을 개인적으로 만나 같이 지내다 보면 다들 너무나 선량해. 어떻게 저런 사람이 사람을 죽일 수 있는지 의아할 정도야.

　나를 아끼고 사랑해주시는 선배님이 한 분 계신데, 그분이 이런 말씀을 하셨어.

　"순자야, 나는 네가 사형수 만나는 것 싫다. 그만 해라. 너같이 순하고 착한 애가 왜 그렇게 험한 사람들을 만나니?"

　"선배님, 그들의 삶이 불행했으니 마지막 가는 길에 착한 사람이 곁에 있어 주면 조그만 위로가 되지 않을까요? 조금 더 가진 자, 조금 더 행복하게 산 사람이 불행한 사람에게 밝혀주는 작은 촛불만큼의 배려라고 생각해주세요."

내 눈에
안경이면
어때서?

나는 지금 20평 오피스텔에 혼자 살고 있어.

어느 날 칫솔질을 하고 있다 미처 전화를 받지 못했어. 잠시 후에 다시 벨이 울리기에 전화를 받았더니 다짜고짜 친구가 나를 혼내는 거야.

"아니, 그것도 집이라고! 그 코딱지만 한 집에서 왜 이렇게 전화를 늦게 받아?"

친구 말이 맞아. 그 친구는 천 평도 넘는 넓은 전원주택에 2층, 3층 별관까지 두고 사니 전화가 와도 빨리 받기 힘들겠지. 그런데 나는 책상부터 싱크대, 화장실까지 한눈에 다 보이는 20평에 살고 있으니 그 친구 눈에는 정말 코딱지만 하게 보일 거야.

"그래, 너는 코딱지도 크다. 그 큰 코딱지 붙이고 사느라 고생한다. 날마다 냄새는 얼마나 나니?"

나는 그렇게 대꾸했어. 화가 나서 한 말이 아니야. 한 번도 그 친구를 부러워해 본 적이 없으니까 그런 말이 기분 나쁘거나 하지도 않아. 오히려 큰 집에 남편하고 둘이만 살고 있는 그 친구가 너무나 힘들어 보였어. 늙은 부부 둘이 그 넓은 집에 살고 있는 게 정말로 안 돼 보여서 한 말이야.

나는 한눈에 다 보이는 이 집이 조금도 좁아 보이지 않아. 청소하기도 수월하고 해서 내 마음에 쏙 들어.

분당에서 사는 부자 친구가 있는데 혼자 69평에서 살고 있어. 하루는 그 친구 집에서 자고 와야 할 일이 있어 하룻밤을 지내게 되었어. 저녁밥을 먹고 나니 늦은 시간이라 집 구경도 제대로 못하고 바로 잠을 잤어. 아침에 일어나 집안 이곳저곳을 둘러보니 쓰레기통에서 친구가 살고 있더라고. 머리카락이 목욕탕 하수구를 막을 듯 쌓여 있고 싱크대는 과장 조금 더해서 10년은 안 닦은 것 같았어. 거실만 좀 정리가 돼 있어.

앞으로는 산이 보이고 뒤로 봐도 경치가 천국인데 집구석 안은 쓰레기통. 하룻밤 묵은 값으로 화장실부터 싱크대까지 닦아주느라 4시간을 중노동을 했어. 여관비치고는 정말 비싸게 먹힌 거지.

집에 돌아와 그대로 뻗어버렸어. 다시는 안 가고 싶은 집. 감당할 수 있는 만큼만 갖고 살면 안 될까?

서울에서 일산으로 이사를 할 때 집에 대한 내 철학이 있었어.

남의 도움 없이 나 스스로 감당할 수 있는 공간.

절대 필요한 것만 갖고 살기.

많은 것을 갖고 있으면 정신이 혼미해져. 공간이 좁으면 아침저녁 청소를 해도 힘이 안 들어. 전기가 갑자기 나가도 무엇을 찾는 데 어려움이 없어. 조금 답답하다 싶으면 내 집 같은 호수공원에 가면 돼.

마음을
따라가는
계산법

　내 친구들은 모두 나보다 나이가 한두 살 아래야. 나는 8살까지 말을 제대로 못해서 초등학교를 9살에 들어갔어. 우리 집에 찾아오는 손님들은 동네사람들에게 벙어리 딸이 하나 있는 집이 어디냐고 물어서 왔어.
　어머니는 40살에 늦둥이로 얻은 딸이 벙어리처럼 말을 안 하니 고민이 이만저만이 아니었겠지? 당시 우리 집은 철저한 유교 집안이어서 예수를 믿는 것이 절대 금물이었어. 그런데 오죽했으면 교회 유치원(그때는 교회에서 하는 유치원밖에 없었다)에 나를 보냈을까. 남들은 학교에 가는 나이에 나는 유치원에 입학한 거야.
　식구들은 어릴 때부터 나를 좀 부족한 아이로 인정한 듯했어.

이웃들은 나를 벙어리라고 불렀고. 그런 내가 그동안 얼마나 똑똑하게 살았겠어? 이 거친 세상의 파도 속에서 계속 물먹으면서 바보처럼 칠십 평생을 살아온 거지.

19년이나 탄 차를 폐차시킬 때야 비로소 롱라이터 켜는 법을 알게 되었어. 하루는 19년을 탄 차번호를 몰라 보험회사에 전화를 걸어 물어본 일이 있어. 내가 생각해도 너무 어이가 없었어. 그 뒤로는 수첩에 차번호를 써놓고 다녀. 나도 모르겠어. 차번호는 도무지 외워지지가 않아.

새로 집을 사놓고는 그 집을 못 찾아서 복덕방에 2번이나 가서 물어서 찾아간 적도 있어. 복덕방 아저씨가 한 번만 더 찾아오면 집 안 준다고 으름장을 놓더라고. 자기 집인가?

예전에 서교동에서 선배 한 분을 모시고 워커힐에 가는 일이 많았어. 나는 늘 강변으로 갔지. 하루는 그 똑똑한 선배님이 이러는 거야.

"순자야, 운전을 오래 했다고 해서 항상 믿고 네 차를 탔는데 가만히 보니 운전을 못하는 나도 아는 빤한 길을 돌아서 다니더라. 기름 값이 얼마나 더 들겠어! 청계천 고가도로로 가면 얼마나 가까운데."

내 차에 내 돈으로 기름 넣고 모시고 가면서 은근히 무시당하는 기분이 들었어. 그래도 바보인 나는 삐치지도 못했지.

바보처럼 살아온 내 인생을 어찌 여기에 다 쓸 수 있겠어. 그렇

게 바보짓 하면서 사는 나를 보고 스트레스 받는 친구들이 많았지. 똑똑한 줄 알았는데 뺑이네, 하는 사람 참 많았어.

다른 사람들은 그렇다 쳐도 내 딸들은 엄마가 얼마나 바보인지 몰랐으면 했어. 그런데 딱 들켰지 뭐야. 병원에서 "양순자 님, 암입니다. 입원하셔야겠습니다."라는 말을 들었을 때 나는 "저는 독거노인입니다."라고 말했어.

이 이야기를 전해 들은 딸이 엄청 화난 목소리로 따지더라고. "엄마! 엄마가 무슨 독거노인이야? 멀쩡하게 자식이 둘씩이나 있는데…."

나는 가족과 떨어져 혼자 사는 노인이면 독거노인이라고 부르는 줄 알았지. 미안해!

나는 지금도 여전히 바보같이 살고 있어.

하루는 친구가 어디 함께 가자고 전화를 했어. 나는 군부대 강의 가야 하니 못 간다고 했지. 친구가 강의료가 얼마냐고 묻기에 13만 5000원이라고 했어. 그랬더니 친구가 대뜸 "그것도 돈이라고 그 돈 받고 강원도 원통까지 가냐? 차비도 안 나오겠다." 하며 호통을 치는 거야.

군부대 강의료는 전국 어디나 13만 5000원이야. 그래서 강사들이 안 가려고 하지. 하지만 나는 군말 없이 가. 손자 같은 애들이 군 생활이 힘들어 탈영하고 자살하고 사고치고 그러다 사형수 될까 봐 걱정이 돼서 말이야.

　바보는 언제나 계산이 늦어. 바보는 원통에 가야 된다는 생각밖에 없어. 하지만 똑똑한 친구는 돈 계산을 먼저 해.

정상에 오르려고 안달복달하지 마라

　인생에서 무엇을 얻고 나면 행복해질까? 빌딩 몇 채를 가지면, 화려한 직업을 가지면 행복해질까?
　내가 목표로 한 산을 정복하고 나면 산 정상에 행복의 보따리가 떡 하니 기다리고 있을 거 같아? 그렇지 않아. 어느 의사가 쓴 수필 한 토막이 오래오래 내 기억에 남아 있어.
　그 의사는 가난한 환경에서 어렵게 공부해서 성공한 의사가 되었대. 너무나 가난해서 얼마 되지 않는 월세도 겨우겨우 내면서 생활했다고 해. 월세에서 전세로 옮겼을 때, 전세에서 판자촌에 방 두 칸짜리 집을 장만했을 때, 그리고 대문 앞에 자기 이름이 새겨진 문패를 걸게 되었을 때, 참으로 행복했대. 집을 옮길 때마다 방 하나가 더 생기는데, 그 행복감이란 이루 말할 수가 없었다지.

세월이 흘러 한강이 한눈에 들어오는 집으로 이사를 갔대. 줄지어 지나가는 자동차 불빛이 흐르는 강물에 비치는데 마치 다이아몬드처럼 빛나고 아름답더래. 그 광경을 보면서 식탁에 앉아 밥을 먹고 있는데 '나는 왜 지금 행복하지 않지?' 하는 생각이 들더라는 거야. 의사로서 크게 성공했고, 더 이상 큰 집이 필요 없을 정도로 부자가 되었는데 말이야.

그 의사에게는 이제 앞으로 더 달려갈 목적이 없어진 거야.

나는 그만 살고 싶을 만큼 힘든 시간을 보내면서 어떻게 하면 행복해질까 궁리를 많이 했어. 어느 누가 행복하게 살고 싶지 않겠어? 고민만 하는 철학자들도 행복에 관심이 많았더라고.

고등학교 때 에피쿠로스라는 철학자 배운 거 생각나? 쾌락주의 철학 어쩌고 하면서 외운 이름 있잖아. 그 양반도 사람이 행복하게 살려면 무엇이 필요한가를 실험을 했더라고. 그 양반 결론인즉, 들어가 누울 집이 있고 세 끼가 해결되면 돈이 더 많다고 더 행복해지는 건 아니라더군.

그렇다면 행복의 조건은 뭐냐? 우리도 이미 다 알고 있는 거야. 우정, 사랑, 나눔……. 그런데 그 중요한 것을 자꾸 잊어버린다는 게 문제야. 죽을 때나 돼야 아, 내가 잘못 살았구나, 후회하잖아.

호스피스는 죽음을 눈앞에 둔 말기암 환자들이 편안하게 임종을 맞이할 수 있도록 돕는 활동을 말해. 호스피스 활동을 하는 분들이 하는 얘기를 들어보면 한결같더라고. 죽음이 얼마 남지 않은 상황에서 내가 왜 더 돈을 많이 벌지 못했을까, 내가 왜 더 유명해지는 길을 선택하지 못했을까, 이러면서 후회하는 사람은 없대.

내가 왜 가족들과 시간을 더 많이 갖지 못했을까, 내가 왜 그 사람에게 그렇게 모질게 굴었을까, 내가 왜 좀더 너그럽지 못했을까, 그런 후회를 하는 거지.

그러니까 아직 살아 있는 우리가 잊지 말아야 할 것은, 바로 지금 행복해야 한다는 거야. 내가 지금 가진 게 없어서, 누구보다 유명하지 않아서 행복하지 않은 건 아니란 말이야.

나도 단칸방에서 신혼생활을 시작했어. 남편은 학생이었지. 그때 사람들은 나를 '학생 부인'이라고 불렀어. 내가 해주는 밥을 먹고 책가방을 들고 학교로 가는 성실한 남편의 뒷모습을 보면서 나는 너무나 행복했어. 우리 앞에는 희망이 있었기 때문이지.

내가 살던 신혼집 부엌은 흙바닥이었어. 그러니 쌀통이나 물통이 항상 흙바닥에 놓여 있을 수밖에 없었지. 깔끔한 내 성격에 그게 너무 싫은 거야. 어느 날 근처 공원에 갔다가 오는 길에 공사장에서 납작한 돌 하나를 주워 왔지. 깨끗이 씻어 쌀통 밑에 놓고 나니 어찌나 딱 맞는지 그 흙바닥 부엌에 자꾸 들어가고 싶은 거야. 손바닥만 한 흙바닥 부엌에 버려진 돌 하나 주워 왔는데 뭐가 그리 좋았는지.

시시각각 약해지고 강해지는 철없는 아내의 마음을 잡아준 것은 대단한 것이 아니라 아주 작은 것이었어.

학교에 가는 남편의 뒷모습을 보면서 나는 매일 최면을 걸었어.
'당신은 꼭 성공할 거야.'
지금 생각해보면 정말 힘든 시간이었지.

일요일도 학교 축제도 상관없이 하루도 쉬지 않고 학교 도서관으로만 가는 학생 남편은 집에 돌아오면 씻고 식사한 후 곧바로 책상에 앉아 늦은 밤까지 공부만 했어. 나는 공부에 방해가 될까 봐 칭얼대는 큰애를 안고 밖으로 나와 하늘의 별을 수도 없이 세었지. 신기하게도 그때는 더워도 덥지 않았고 추워도 춥지 않았어.

희망을 기다리면서 그 희망의 고지를 믿고 있을 때는 이 세상 어느 것도 그 믿음을 허물지 못해. 그때 그 시간을 견뎌냈던 것은 희망이 있었기 때문이지. 훗날 남편은 노력한 만큼 좋은 직장에서 최고 대접을 받으면서 살았어.

어느 날 어떤 기자가 물었어. 지금까지 살아오면서 언제가 가장 행복했냐고. 그때 나는 머뭇거림 없이 대답했지.

"기사가 운전하는 차를 타고 출근하는 남편의 뒷모습보다는 책가방을 들고 나가던 그때 그 뒷모습이 더 행복했어."

행복은 결과가 아니야. 결과를 기다리는 시간 속에 묻어 있는 조그만 열기.

22년간 한결같이 똑같은 소리를 하는 친구가 있어. 그 친구는 항상 자기 남편은 일이 잘 풀릴 거라고 말해. 벌써 22년이 흘렀는데도 그 남편은 예전 그대로야. 이제 팔십을 향해가는데도 여전히 자기 남편은 꼭 된다고 이야기하더라고. 그 친구 얼굴은 어둡거나 우울하지 않아. 잘 웃고, 멋쟁이지. 긍정적인 말이라 그런지 22년을 같은 말을 들어도 그 소리가 밉지 않더라고.

그 친구는 남편이 잘될 거라는 믿음을 무덤까지도 갖고 갈 것 같아. 며칠 전에 우연히 전철에서 만났는데, 남편하고 나란히 앉아 있는 모습이 아주 행복해 보였어. 나는 친구와 헤어지면서 속으로 말했지.

'친구야! 너는 행복한 사람이다. 네 남편이 잘돼서 네가 행복해지는 게 아니라, 된다고 믿으면서 즐겁게 살고 있는 지금이 행복한 것이다.'

정상은 안 쳐다보고 희망을 향해 계속 가고 있는 친구가 참 보기 좋았어. 행복은 바로 그런 것.

어른도 고물고물
혼자 잘 놀아야
예쁘다

어떤 아이는 비싼 장난감이 없어도 보채는 일 없이 혼자서 고물고물 잘 놀아. 어떤 아이는 산더미같이 쌓인 장난감 속에서도 보채고 칭얼거리며 저 혼자 노는 일이 없어서 엄마를 힘들게 해.

아이나 어른이나 마찬가지야. 어른이 돼도 혼자 못 놀고 다른 사람들에게 지나치게 의지하는 사람들이 있어.

예전에 우리 집에 아침 9시면 하루도 거르지 않고 잘못 걸린 전화가 왔어. 전화 음성으로 추측해보면 내 나이쯤 되어 보이는 할머니가 다짜고짜 이렇게 말했어.

"미경이냐?"

처음에는 잘못 온 전화거니 하고 무관심하게 끊었다가 나중에

는 사연이 궁금해졌어.

"실례지만 미경이는 누구고 전화 거시는 분은 몇 살이나 드셨습니까?"

상대는 내 질문을 기분 나빠 하지 않고 고분고분 대답을 해주었어.

나이는 나보다 5살 아래고, 미경이는 그이의 딸이래. 그런데 이 시간에 꼭 전화를 해야 할 일이 있으시냐고 물었어.

"남편은? 애들은? 다 밥 먹여 학교 직장 보냈냐? 너는 밥 먹었냐? 오늘은 뭐하냐?"

이렇게 아침마다 안부 묻는 전화를 한다는 거야. 그래서 내가 오지랖 넓게 참견을 했지.

"할머니! 내가 5살 위이고, 나도 시집 보낸 딸이 있어요. 우리 엄마들도 자존심 좀 지키고 삽시다. 우리가 해주는 걱정이 도리어 그네들에게는 스트레스가 된답니다. 우리가 먼저 전화하지 말고 그쪽에서 걸려올 때 받기만 합시다."

나이 들수록 할 일이 없어지니 궁금한 것, 알고 싶은 것이 얼마나 많겠어. 옆에 끼고 살아도 걱정이 되는 것이 자식인데 자주 못 만나니 얼마나 궁금하겠어. 몇 십 년간 알뜰살뜰 키워 시집 장가 보내고 나면 마음이 텅 빈 것처럼 허전하고 그렇지.

그렇다고 평생 같이 살 수도 없는 일이고, 그래서도 안 되지.

자식이 성인이 되면 훨훨 떠나 보내줘야 돼. 나이 든 부모가 보채지 않고 혼자 고물고물 잘 살아주는 것이 자식을 위하는 일이야. 자식에게서 해방되지 않으면 죽음의 문턱도 넘기 어려워. 그런데 이게 말처럼 쉽지가 않아. 자식에게서 해방되는 공부를 해야 해.

오래전에 읽은 셰익스피어의 책 중에 '노인은 젊은이가 묻기 전에 말하지 마라'라는 구절이 있었는데, 내 가슴에 팍 와 닿았어. 그 후 한 번도 이 말을 소홀하게 생각해본 일이 없어. 나는 책이나 누구에게 들은 말 중에 이 말은 내가 죽을 때까지 갖고 가고 싶다는 구절을 만나면 확실하게 내 것으로 만들어.

궁금한 것 못 참고 꼭 확인을 해야 하는 사람은 남도 피곤하게 하지만 무엇보다 자신이 피곤해. 이런 사람은 혼자 놀 수가 없어.

몸은 옛날 같지 않지만 마지막 남은 힘을 다 써서 혼자서 할 수 있는 것은 끝까지 하고 싶어. 자식들에게는 결정적인 순간에 SOS를 보내야지. 자식들에게, 남에게 보여주기 위해서 사는 삶이 아니라 주어진 남은 기력의 카드를 잔고 없이 다 쓰고 가고 싶은 거야. 젊은 사람들 앞에서 고집 부리지 말고 알아도 모른 척, 그 애들 이야기 먼저 들어주고 잘못한 것 눈에 들어와도 나 어릴 적 필름 돌려보면서 꾹 참고.

배가 산으로만 가지 않는다면 헤매고 방황해도 가만히 지켜보는 노인이고 싶어. 노인은 웃어도 밉다는데 나는 안 웃어도 예쁜 노인이고 싶어.

휴식 1

시간이 지나면 약이 되는 것

아픔이라는 녀석

내 인생에서 가장 혼미했던 시절인 40대 초반, 트리나 폴러스의 《꽃들에게 희망을》이라는 책을 읽으면서 나는 한 마리 애벌레를 만났어. 애벌레들은 구름 속에 가려진, 실체도 없이 애벌레 더미로만 이루어진 기둥을 있는 힘을 다해 올라가. 서로 뒤엉킨 채 상처를 주고받으면서 죽기 살기로 올라가지.

'나는 누구인가'를 찾기 위해 고통을 이겨내는 한 마리 애벌레. 마침내 고치를 만들고 어느 날 나비가 되어 날아오르는 순간, 노랑 애벌레는 참 나를 만나 삶의 변화를 경험한다는 이야기야.

씨앗은 땅속에서 없어져야 떡잎이 나오지. 씨앗이 죽기를 거부

하면 그것은 곧 씨앗으로서의 존재 의미를 포기하는 거야. 인도의 명상가 라즈니쉬는 누구를 믿어 그 믿음으로 천국을 가는 것이 아니라 "나 자신이 길이요, 생명임을 이 세상에서 깨달아야 한다."라고 말했어.

사람은 마음먹기에 따라서 두려움 없는 죽음을 맞이할 수도 있고, 고통스럽기 짝이 없는 이 세상이 천국인 양 살 수도 있어. 마음의 눈을 뜨지 못한 채 생각과 의지로만 세상을 받아들인다면 혼돈과 고통만 느낄 수밖에 없어. 이 세상의 종교는 죽은 후의 천국과 극락세계를 말할 것이 아니라, 지금 이 세상에서 모두가 천국과 극락을 느끼며 살 수 있도록 도와야 한다고 생각해.

세상사 삶의 원리를 하나씩 깨달아 눈이 뜨이고, 무엇이 나를 힘들게 하는지를 알게 되면 고통도 정리되지. 코카콜라를 만들어낸 이가 일곱 번 쓰러지고 여덟 번 일어나면서 "괴로운 것은 다 지나가더라."라고 말했다지. 괴로운 일이든 슬픈 일이든 항상 그대로 그 자리에 있는 것은 없어.

아픈 만큼 세상을 바라보는 눈도 커지지. 수학 문제를 풀다보면 막히는 곳이 있기 마련인데, 공식대로 차근히 풀면 반드시 풀려. 수학문제처럼 인간사도 풀리게 되어 있지.

복잡한 문제를 푸는 가장 좋은 방법은 설득하려고 하지 말고 상대의 말을 듣는 거야. 그것이 진정한 대화지. 진정한 대화를 나누면 무슨 일이든 순리대로 풀려.

나는 평소 우연히 마주친 사람들이 살아가는 모습을 보면서 희망을 볼 때가 많아. 엊그제 택시를 탔어. 기사분이 아주 잘생기고 의젓하고 부담스러울 만큼 근사하더라. 외모로 봐서는 전혀 운전기사 같지가 않더라고. 그렇다고 운전기사는 딱히 어떤 모양새다, 그렇게 비하해서 생각하고 있는 건 아니야. 어떤 직업이든 특유의 분위기가 있잖아. 그런데 전혀 다른 분위기더라고. 요금 받는 것도 영 어설퍼. 함께 탔던 아우도 궁금했는지 묻더라고.
"아저씨는 운전한 지 얼마나 되셨어요?"
　아니나 다를까 사업에 실패하고 부도를 맞은 다음 기사로 나선 지 얼마 안 됐다고 하더라고.
"얼마나 좋은지 모르겠습니다. 택시 운전을 해보니 다양한 사람들을 만나는 재미도 있습니다. 뒷자리에 앉아서만 차를 타다가 손수 운전을 하니 진짜 사는 것 같습니다. 열심히 3년 정도 하면 차도 살 수 있을 것 같아요. 지난 세월, 정신없이 앞도 뒤도 헤아리지 못하고 다른 사람들에게 상처만 주면서 전쟁 같은 나날을 보냈죠. 내심 승리했다 싶은 순간 부도를 맞고는 마음에 병이 들었습니다.
　하지만 이렇게 운전을 하면서 조금씩 치유가 되는 것 같아요. 굴곡을 겪어보지 않았으면 지금 이렇게 만족할 수는 없겠지요. 왜 그렇게 올라가는 쪽만 쳐다보았는지 모르겠어요. 거기 아무것도 없는데 말입니다."

후진 잘하는 사람이 운전을 잘하는 사람인 것처럼 그 기사는 인생의 후진을 할 줄 아는 사람이었어. 멋진 기사 덕분에 동생과 나는 잠시 천국을 보았지.

지금 혹시 내 인생이 왜 이렇게 꼬이나 싶어 괴롭다면 무엇이 나를 힘들게 하고 있는지 종이에 하나씩 하나씩 써봐. 써 놓고 나서 그것이 정말 그렇게 힘들어할 만한 가치가 있는지 생각해보는 거야. 별것도 아닌 일을 가지고 지나치게 고민하는 것도 자존심 상하는 일 아닌가? 남을 미워하는 것도 그만큼의 가치가 있을 때 미워해. 그럴 가치도 없는 사람을 미워하고 있다면 그것은 나에게 상처 입히고 있는 꼴이야.

인생길을 달리다 보면 누구나 터널을 만나게 돼 있어. 터널이 어둡다고 멈춰 선다면, 그보다 어리석은 일이 어디 있겠어. 조금만 지나면 곧 터널 끝이 나오는데 말이야.

꼼수 부리며 피하고 싶어? 갓길은 위험하다는 사실을 명심하고 살기를 바라.

휴식2

시간이 지나면 독이 되는 것

스트레스라는 놈

　이젠 병원에서 못 고치는 병이 없을 정도야. 그런데 스트레스란 놈은 수술로도 약으로도 고칠 수가 없어.
　사람이 일단 열을 받으면 눈에 보이는 것이 없어. 자기 하나로 끝나지 않고 여러 사람에게 전염병처럼 번져가는 것도 스트레스의 특징이야. 아내가 남편 때문에 스트레스를 받으면 아이에게 짜증을 내게 되고, 이유 없이 잔소리를 들은 아이는 밖에 나가서 다른 아이를 괴롭히고. 아버지는 직장에 가서 애꿎은 부하직원 괴롭히고.
　지구가 종말을 고하는 그날까지 스트레스라는 병은 지상의 마지막 균으로 남아 인간을 괴롭힐 거야. 스트레스는 언제나 우리를 향해 돌진하고 있어. 막을 길이 없지.

들어오면 자신이 요리해야 돼. 내가 나의 주치의가 되어야 해. 내가 왜 병이 났는지 나만큼 더 잘 아는 사람은 없으니까.

스트레스를 이겨내지 못하면 사람이 병에 걸려. 그러니 살기 위해서는 반드시 스트레스를 다스리고 조절해야 돼.

스트레스는 불과 같아. 불은 꺼야 돼. 불을 끄는 방법은 각자 성격에 따라 다르겠지.

나는 스트레스를 받을 때 마음과 주변 정리를 해. 집 안이 더러우면 청소하듯 마음 청소를 하는 거지.

1. 스트레스를 주는 사람 이름을 수첩에서 지운다

보이는 것을 일단 눈에서 정리해야 생각이 정리되거든. 잊어버려야 할 대상의 흔적이 계속 여기저기서 보이면 묵은 밥이 올라오듯 되살아나. 그때는 더 큰 고통이 되거든.

2. 버릴 것 찾아보기

스트레스 받을 때가 잡동사니를 버리기에 좋은 때야. 버릴까 말까 망설이던 것을 확실하게 내보내는 거지.

군더더기 없이 말끔히 비운 공간을 보면 기분이 개운해져. 화가 내 안에서 밖으로 나가는 느낌이지. 나는 설거지를 좋아해. 설거지하면서 그릇만 씻는다고 생각하지 않아. 묵은 때를 씻는다고 생각하면 기분이 상쾌해져. 콸콸 흐르는 물에 박박 씻어봐.

3. **살림 위치 바꾸기**
이쪽저쪽으로 위치를 바꿔보는 거야. 위치를 바꾸면서 나오는 먼지를 깨끗이 닦아내. 내 속에 화를 밀어내듯. 위치가 바뀌면 생각도 바뀌거든.

4. **복잡한 서랍 정리하기**
잘 안 쓰는 서랍을 열어보면 몇 년째 열어볼 일이 없었다는 것을 알게 돼. 그리고 지금까지 왜 이런 것들을 넣어놓고 있었나 궁금해지지. 몽땅 내보내버리면 수납할 곳이 갑자기 많아져서 집을 한 채 새로 산 것처럼 가슴이 뻥 뚫려. 가슴에 얹혀 있던 화 덩어리도 화살처럼 나가는 것을 느껴. 개운해지지. 물건 따라 스트레스도 따라나가는 것. 느껴봐.

5. **집 안을 음악으로 가득 채우기**
버릴 건 버리고 청소를 깨끗이 하고 나서는 음악으로 집 안을 가득 채우는 거야. 이럴 때 음악은 마치 공기청정기 같아. 그리고 시간과 관계없이 호수공원으로 나가. 이 생각 저 생각을 충분히 하면서 마음껏 감정의 찌꺼기를 걷어내지.

나는 지금 잘 버리고 지우고 있는가? 대답해주는 사람은 없어. 그저 내 기분이 상쾌하면 그것으로 족해. 그리고 다시는 미움과 관심을 내 생각 속에 두지 않기로 마음먹지. 여기에 명상을 더하면 더할 나위 없이 효과가 크지.

큰 사건은 시간을 더 많이 필요로 할 때가 있어. 그럴 때는 낯선 곳으로 잠시 여행을 떠나. 혼자서….

술과 사람을 상대로 스트레스를 풀면 더 큰 화를 부르기 쉬워. 주위에 보면 스트레스를 품고 다니는 시한폭탄 같은 사람이 있지. 그런 사람은 가능한 한 피하고 만나지 마. 스트레스 받았을 때 바로 상대에게 쏘면 상대가 죽어.

12층에서 떨어졌는데 산 사람이 있었어. 그것도 어린아이가 말이야.

12층에서 직코스로 떨어지면 즉사하는 거지. 그런데 그 아이는 나뭇가지에 한 번 걸리고 자동차 본네트 위에 떨어졌다가 땅으로 굴렀어. 두 번 충격을 조절한 것이지. 나무가 한 번, 자동차 본네트가 한 번. 땅에 떨어질 때는 완만한 상태로 떨어진 거야.

내가 위에 알려준 5가지가 바로 충격을 덜어주는 역할을 하는 것이지.

마지막으로 여행까지 하고 오면 마음이 바뀌거든. 용서를 할 것이냐, 말 것이냐. 이대로 갈 것이냐, 그냥 버릴 것이냐.
그때 내리는 결정이야말로 현명한 답이 되는 거야.

2장

사람부자가 옹골진 부자다

결국에
바보가
웃는다

아주 오래 전 얘기야. 60년대에는 남대문시장에 가서 안 속고 물건 사면 서울사람이 된다는 말이 있었어. 그만큼 남대문시장은 바가지를 잘 씌우기로 악명 높은 시장이었지.

그때 나는 시골에서 막 올라와 친구들과 한 동네에 모여 살았어. 우리는 운명적으로 함께 있어야 한다고 생각했지. 5명이 몰려 다니면서 남대문시장, 동대문 평화시장으로 쇼핑을 하러 다녔어. 친구들 중에 유독 미인이 한 명 있었는데, 그 애는 들르는 가게마다 옷을 입어보고 한껏 뽐을 냈어. 옷을 살 것처럼 이것저것 입어보고는 그냥 벗어놓고 뒤도 안 돌아보고 팽 가버리는 거라. 친구들은 모두 미리 약속이나 한 듯 일사불란하게 뒤따라 나가. 다른 때는 미적거리던 아이들도 어쩌면 그렇게 일사불란하게 움직이는지.

나는 육상선수였는데도 거기서는 왜 그렇게 발이 안 떨어지던지. 우물쭈물하다가 나만 혼자 욕을 바가지로 먹고. 그 친구들 따라 다니면서 돌아오는 길은 매번 피곤하고 우울했어.

나는 홀로 서기로 작정을 했어.

친구들 몰래 나 혼자 남대문시장을 찾아간 거야. 이불감을 사러 갔지. 그런데 어디서 사야 좋은 물건을 싸게 살 수 있는지 알 수가 없는 거라. 큰 걱정을 안고 비단가게로 무작정 들어가서는 솔직하게 말했어.

"이불감을 사려고 하는데 주인아저씨가 가장 좋다고 생각하시는 것으로 골라주세요. 제가 천에 대해서 잘 모르거든요."

나는 비단장수를 믿기로 했어. 천 장사를 하는 사람보다 누가 더 잘 알겠어?

"이렇게 좋은 물건은 어디 가도 못 삽니다. 20년 넘게 남대문에서 비단가게를 했는데 나를 믿고 골라달라는 손님은 처음이요. 젊은 아가씨가 참 고맙네요."

물건은 좋은 것으로 잘 골랐으니 다음은 가장 중요한 가격 흥정.

나는 이번에도 솔직하게 이야기했어.

"아저씨, 얼마를 깎아야 친구들이 바가지 안 썼다고 할까요? 아저씨가 알아서 깎아주세요."

아저씨는 피식 웃으면서 말씀하셨어.

"남대문시장에서 이만큼 싸고 품질 좋은 천을 산 사람 있으면 데리고 오세요."

이불감을 사서 동네 단골 이불가게에 들렀더니 자기도 이불가게 10년, 비단장사 20년을 했는데 정말 좋은 물건을 잘 샀다고 말해주었어. 확실하게 검증을 받은 거지. 검증을 받고 나니 내가 어쩜 그렇게 똑똑해 보이던지.

이불가게 주인도 그 도매 가게를 알려달라고 할 정도였어. 그런데 길눈이 어두워 그 가게를 다시 찾아갈 자신이 없는 거야. 그래서 끝내 가르쳐드리지 못했어.

나는 그 일을 통해 주인의 마음을 상하지 않게 하면서 좋은 물건을 싸게 살 수 있는 방법을 배웠어.

길거리에서 채소를 팔고 있는 할머니에게도 똑같이 그 방법을 써봤어. 내 손으로 물건을 뒤적거리지 않고 "할머니, 알아서 좋은 걸로 주세요."라고 말이야. 그러면 항상 더 좋은 것을 주시려고 하시더라고. 그것도 기분 좋게.

나는 이 방법이 좋다는 확신을 얻었기에 50년 동안 이 방법으로 물건을 사고 있어.

길거리에서 파는 야채라고 함부로 뒤척거리지 마. 할머니에게는 부추 한 단이 자신의 명품인 거거든.

바로 어저께도 전철역 입구에서 호박 하나를 샀어. 할머니는

두 개를 다 팔고 싶으신 거야. 이젠 7시가 되니 집으로 가야 할 시간도 되고. 그래서 두 개를 샀어. 할머니가 500원짜리 거스름 돈을 찾는 데 오래 걸리는 거야.

"할머니, 500원 놔두세요. 저 그냥 갈게요."

얼마쯤 갔을 때 "500원!" 하면서 이름도 모르는 나물을 한 웅큼 들고 뛰어 오시더라고. 슬프고 짠한 마음이 밀물처럼 밀려왔어.

이렇게 정직한 사람들. 단돈 500원도 그냥 받지 못하는 그 순한 마음.

다음에 가서 그 마음에 보답해야지.

진짜 사랑은
눈으로,
느낌으로

나는 정말 크나큰 사랑의 힘을 경험한 적이 있어. 가슴이 갑자기 뜨거워지면서 온몸을 사로잡는 전율을 느꼈지. 나 지금도 그 사람을 잊지 못하고 있어.

16년 전 시골 군청에 다닐 때 딸 셋을 데리고 혼자 사는 40대 초반의 정신지체 장애자를 만났어. 음식이건 옷이건 무엇이든 생기면 아무 때나 그 집에 갔지. 젊은 장애 엄마가 집에 있는 날도 있고 없는 날도 있었어. 세 딸이 어디서 어떻게 노는지 알 길이 없어. 그래도 기왕에 갔으니 그 집 식구들이 돌아올 때까지 차 안에서 음악을 들으면서 끝없이 기다렸지. 그때 아이들은 초등학교 2학년, 1학년, 그리고 3살이었어.

어느 날은 방 안에 고구마가 하나 서있어. '고구마도 서있네' 하고 가까이 가보니 변이었어. 변이 굳어서 고구마처럼 보인 거야. 방이고 부엌이고 할 것 없이 사람이 사는 곳이 아니었어.

이상하게 남자는 없는데 딸은 셋이나 있어. 알고 보니 어떤 놈이 와서 만들어놓고 간 거야. 누가 누구 아비인지 아무도 몰라도 그놈은 알고 있겠지.

어느 날 그 집에 사건이 생겼어. 3살 먹은 아이가 다리 아래 실개천에 빠져 죽었다는 거야. 쥐새끼도 빠지면 살아 나올 만한 개천이었는데.

정신장애 엄마의 표정은 항상 변함이 없었어. 그런데 딸애를 잃고는 엄마의 눈동자가 너무나 슬퍼졌어. 그 뒤로 위로도 할 겸 더 자주 그 집에 갔어.

하루는 엄마가 고구마 줄거리를 다듬고 있었어. 내 얼굴을 보더니 약간 웃는 듯 마는 듯 표정이 생기더라고. 그래도 마음으로 나를 알아보는 것 같았어. 엄마는 고구마 줄거리를 두 손으로 움켜쥐며 나를 쳐다봐. 나에게 가져갈 것인지 묻는 것 같았어. 그 마음을 받았어야 했는데 받지 못했어. 나는 고구마 줄거리를 해 먹을 줄을 몰랐거든. 단순히 그 생각으로 거절을 했어. 그것이 후회스러워 미안하다고 만날 때마다 말했어. 지금도 후회가 돼.

추석이 다가왔어. 시골 온 동네에 난리가 났어. 자식들 서울에서 오면 이것저것 싸주려고 부모님들은 흥분의 도가니에 빠져 있었지. 방앗간 앞에는 다들 기름을 짜느라 기찻길마냥 길게 줄지어 서 있었어.

  나는 서울로 가야 했지만 그해에는 서울로 가는 것을 포기하고 그 가족을 위해서 이벤트를 해주기로 했어. 두 아이들 입힐 옷이며 신발을 사서 신문지 한 뭉치를 들고 하교 시간에 맞춰 학교로 갔어. 두 아이를 학교 뒷뜰에 데리고 가서 신문지로 멍석을 만들어 놓고 새로 사 온 옷을 갈아입혔어. 벗은 옷은 신문지에 싸서 쓰레기통에 버렸지. 그리고 아이들을 내 차에 태워 공중목욕탕으로 갔어.

  목욕탕에 데리고 들어가서 마음껏 씻기고 나와 새 옷을 입히니 아주 곱고 예뻤어. 아이들을 차에 태워 짜장면 집에 가서 짜장면을 먹이고 집으로 데리고 갔지. 그 표정 없는 여자가 웃었어.

  엄마도 차에 타라고 했어. 나를 믿고 성큼 차에 타는 모습이 어찌나 예쁜지.

  세 모녀를 데리고 동네 큰 슈퍼마켓으로 갔어. 한 사람당 봉지 하나씩을 주면서 자기가 사고 싶은 것은 무조건 다 담아 오라고 슈퍼마켓 안으로 몰아넣고 나는 계산대 앞에서 기다리고 있었어. 가만히 보니 그 불쌍한 사람은 어느 것 하나 집지를 못하고 있어. 할 수 없이 내가 바람잡이를 했지.

  한참 뒤에 식구들이 나왔는데 봉지가 헐렁헐렁해. 엄마에게 살림에 필요한 것을 몽땅 사라고 했더니 손가락 하나를 입에 물고 조그맣게 말하는 거야.

"참기름 하나 사도 돼요?"

"아이고 이 사람, 저기 있는 것 다 갖고 와."

공짜라고 함부로 손도 못 대고 미안해하는 선량한 사람들. 나는 그들을 보면서 계속 울고 있었어. 나같이 눈물 없는 사람이 말이야.

그렇게 헤어지고 11년 만에 그 모녀를 만나러 갔어. 다른 집으로 이사를 갔대. 이장님이 가르쳐준 집으로 가보니 군청에서 배려를 했는지 집이 좀 넓어.

1시쯤 지난 시간이라 집에는 엄마만 있는데 방 안에서 낮잠을 자고 있었어. 갑자기 밖에서 사람이 부르니 잠에서 미처 깨어나지도 못한 채로 밖에 서 있는 나를 봤는데, 그 어두운 방에서 빛나던 그 눈빛을 잊을 수가 없어. 나를 직감적으로 알아보는 눈이었어. 그 눈이 내 눈과 마주치면서 우리는 동시에 함께 전율했어.

10년이 지났으니 나도 늙고 저도 늙어 얼굴이 변했는데도 우리는 서로를 한눈에 알아본 거야. 못 만나고 지낸 그 긴 세월 동안 우리는 계속 마음으로 만나고 있었구나.

이때 울지 않으면 인간이 아니지. 나는 울었어.

사 갖고 간 옷을 입혀 보니 조금 적은 듯했어. 그래도 괜찮다는 표정으로 좋아하던 그 모습.

'너 오늘 한 번쯤은 마음껏 행복해봐라.' 하며 나는 온몸과 온 마음을 다해서 꼭 안아주었어. 지상에서 가장 아름다운 눈빛, 마음의 눈이 빛나고 있었어. 그때 참 행복했어.

이런 친구
하나 있으면
더 바랄게 있을까

우리는 돈이 많은 사람을 '돈 부자'라고 하지. 친구가 많은 사람을 '친구 부자'라고 하고. 돈이 많아도 통장에만 넣어놓고 쓰지 못하는 사람이 너무 많더라고. 친구가 많다고 해도 결정적인 순간에 그 친구들이 아무런 의미가 없을 때도 있어.

돈이 돈의 역할을 잘 해줄 때 진짜 돈이 좋은 것이지. 친구도 마찬가지. 결정적인 순간에 나에게 도움이 되는 친구가 진짜 친구야.

미국 청교도 시절, 사형선고를 받은 한 젊은이에게 형이 집행되는 날이었어. 집행관이 사형수에게 마지막으로 남길 말은 없느냐고 물었어. 사형수는 홀로 계신 어머니를 한 번만 뵙고 인사를 드리고 오면 안 되느냐고 간청했어. 집행관들도 그의 마음은 충분히 이해했지만 그 부탁을 들어줄 수는 없었지. 행여 도망가면 누가 그 책임을 지겠어. 그때 사형수 친구의 마지막 모습을 보러 와 있던 고향 친구가 사형대 앞으로 나왔어.

"이 친구가 돌아올 때까지 제가 사형대를 지키고 있겠습니다."

집행관들이 놀라서 물었어.

"친구가 정해진 시간에 도착하지 않으면 자네가 대신 사형을 당해야 한다. 그럴 수 있나?"

친구는 조금도 불안한 기색 없이 서약서에 도장을 찍었어. 그래서 친구가 돌아올 때까지 사형대를 대신 지키게 되었지.

친구가 돌아오기로 약속한 시간이 다 돼 가고 있었어. 하지만 어머니를 보러 간 친구는 오지 않았어. 사람들이 그에게 야유를 보냈지.

"바보 같은 놈."

형 집행 시간이 몇 분 남지 않자 집행관이 불쌍한 눈빛으로 그에게 말했어.

"이젠 네가 친구 대신 갈 수밖에 없다. 마지막으로 남길 말은 없느냐?"

그는 태연하게 말했어.

"내 친구는 분명 올 것입니다. 무슨 사연이 있어서 늦는 것일 뿐입니다. 내가 죽은 뒤에 친구가 도착하면 꼭 이 말을 전해주십시오. 친구를 조금도 원망하지 않고 갔다고 말입니다."

드라마처럼 형 집행을 바로 눈앞에 두고 친구가 나타났어. 옷은 찢어지고 신발도 벗겨진 채 만신창이가 된 몸으로 기어오다시피 도착했어.

사형수는 자초지종을 설명했어. 어머니를 뵙고 돌아오는 길에 외나무다리가 하나 있었는데 갑자기 소낙비가 와서 다리가 떠내려 가버렸다는 거야. 할 수 없이 물속에 뛰어들어 헤엄쳐 오느라고 시간이 오래 걸렸대.

나 대신 목숨을 내줄 수 있는 친구가 당신에게는 있는가? 나를 대신해 사형대를 지켜줄 만큼은 아니어도 답답할 때 소통이 되고 만나기만 해도 힘이 되는 친구가 당신에게는 있는가?

좋은 친구는 우선 믿음이 가야 해.

15년 전 나는 시골 군청에서 3년간 근무한 적이 있었어. 지자체가 처음 실시되는 해였는데, 오랜 세월 동안 서울구치소 교화위원으로 함께 일한 분이 자기 고향 군수로 당선되면서 함께 일해보자는 제안을 했어. 나는 기꺼운 마음으로 그 제안을 받아들였지. 죽기 전에 태 묻은 곳에서 3년간 봉사하고 생을 마치면 좋겠다 싶었어.

그때 사건이 하나 터졌어. 친구 딸이 자동차를 살 때 내가 보증을 서준 적이 있는데, 할부금을 내지 않았으니 서울 집을 압류한다는 고지서가 날아왔어. 나는 무슨 법규든 절대로 위반을 못해. 어쩌다 자동차에 주차 위반 딱지만 붙어 있어도 30분 내에 은행에 가서 벌금을 내야 마음이 놓이는 새가슴이야. 그런 사람이 압류통지서를 받았으니 얼마나 겁을 먹었겠어.

차를 사주는 것도 아니고, 그깟 보증 하나 못 서줄까 싶어 이름 쓰고 주소 쓰고 도장 찍었는데, 졸지에 차 값 전액을 나보고 내라고 하니 황당하지. 시골에서 그 큰돈을 당장 어찌 구한단 말인가. 인구 8만 5000인 조그만 군에 아는 사람이 하나도 없었어. 좀 거리가 있는 곳에 약국을 운영하는 어릴 적 친구가 하나 있기는 했지만, 오랜 세월 동안 소식 하나 없다가 근 50년 만에 불쑥 나타나 "돈 좀 꿔달라"고 말할 수는 없잖아.

걱정이 쌓이고 쌓여 마음의 병이 되었어. 달리 해결할 방도가 없었지. 그러다 결국 자존심이고 뭐고 다 버리고 그 친구를 만나서 사정 이야기를 했어. 당당하던 양순자도 돈 앞에서 맥을 못 추고 있었던 것이지.

내 얘기를 다 들은 친구가 말로만 듣던 백지수표 한 장을 내놓았어.

"순자야, 너 필요한 대로 다 써."

"……"

나는 어안이 벙벙했지만 발등의 불은 끄고 봐야하니 필요한 액수를 써넣었어.

"이제 와서 하는 고백이지만, 나 너한테 빚이 있어. 초등학교 때 네 도시락을 단골로 훔쳐 먹은 애가 바로 나야. 오랜 세월 그 빚을 안고 살았는데 이제야 갚을 날이 온 것 같다."

나이 마흔에 얻은 늦둥이 딸을 위해 우리 집에서는 멸치에 계란까지 넣어 정성껏 도시락을 싸주셨어. 그 도시락을 맛있게 훔쳐 먹었다고 50년도 더 지나 백지수표로 벼랑 끝에 선 나를 구해 준 친구.

이런 친구를 많이 가진 사람이 진짜 부자야. 제일 불쌍한 사람은 곁에 아무도 없는 사람이란 걸 기억해.

그런데 특별히 고맙다는 인사를 한 번도 못했어. 오늘 세상을 향해서 한번 소리쳐 볼란다.

'친구야, 너 참 괜찮은 놈이다. 너희 약국 잘돼서 부자 되어라.'

인간보험은
돈으로 못 든다

암수술을 받고 한 달째 입원 중이었을 때 일이야. 810호 병실에 나를 포함해 4명의 환자가 함께 지냈어. 동병상련이라고, 서로 같은 처지다 보니 모두들 한 식구처럼 지냈지. 우리 병실에서는 날마다 별의별 일이 다 생겼어.

어느 날 간호사가 병실에 들어와서는 신신당부를 했어.

"보험 들어놓은 것 있으신 분들은 퇴원하실 때 꼭 서류 챙겨 가세요. 나중에 딴소리하지 마시구요."

"저것이 무슨 소리여?"

나는 무슨 말인가 싶어 옆 침대에 앉아 있는 간병인에게 물었어.

"할머니는 보험 든 거 없으세요?"

그 순간 갑자기 딸들 얼굴이 떠올라. 알 수 없는 열감이 확 오르대.

우리 애들이 뭐라고 할 아이들은 아니지만 나 혼자 미안스런 마음이 든 거지. 보험 들었다는 소리는 많이 했는데, 지금 하나도 없다면 바보 엄마라는 사실이 들통날 지경이니 그것이 괴로운 거야. 그래봐야 병원비는 내가 낼 터인데 말이야.

사실 나만큼 보험을 많이 들어본 사람도 없을 거야. 보험설계사가 우리 집에 와서 보험 하나 들어달라고 사정하면 그냥 보낸 일이 없어. 그러다가 설계사가 다른 곳으로 이직하거나 회사를 그만두면 뒤도 돌아보지 않고 후회 없이 보험을 깼지.

서교동 살 때 일이야. 집 근처 우체국에 자주 갔어. 자주 가다 보니 직원들 얼굴이 낯설지 않았지. 그날도 소포를 부치기 위해서 주소를 쓰고 있는데 젊은 직원이 내 곁으로 조용히 다가왔어.

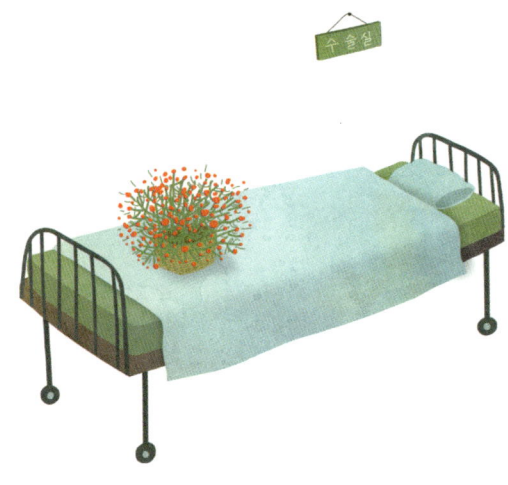

그 직원이 기어들어가는 목소리로 말을 걸더군.

"아주머니, 보험 하나 들어보실래요? 저희 우체국 직원들에게 보험계약 할당이 떨어졌는데 어디 부탁할 데가 없어서요. 그나마 낯익은 아주머니에게 어렵게 부탁드립니다. 거절해도 괜찮으니 무리하지는 마세요."

짧은 시간 동안 내 머릿속은 거절이냐 수락이냐 갈림길에서 혼란스러웠지. 저렇게 순한 사람이, 잘 아는 사람도 아니고 그저 우체국에 자주 오는 손님일 뿐인데 나에게 와서 이런 부탁을 하기까지 얼마나 힘이 들었을까? 가슴이 짠했어.

"얼마짜리를 들어주면 마음이 편하겠습니까? 총각이 정해서 하나 계약하세요."

그러고 나서 나는 다음 달부터 보험금 넣느라고 허리띠를 졸라맸어. 너무 꽉 졸라서 숨이 찰 정도였지. 우체국에 갈 때마다 그 직원은 아들처럼 따뜻한 인사를 건넸어.

7개월쯤 뒤부터 우체국에서 그 인사 잘하던 직원이 안 보여. 다른 직원에게 물어봤지. 그랬더니 마포우체국으로 발령을 받아 갔다는 거야.

'아이고, 살았다!'

"그럼 보험을 깨도 그 직원에게 해는 안 가나요?"

"예, 괜찮습니다."

그 소리를 듣자마자 그 자리에서 보험을 깼어. 보험 깨지는 소리가 얼마나 행복하게 들리던지 '내가 너에게 평안을 주노라'라는 주님의 음성이 들리는 듯했어.

얼마 후 외국에서 보낸 소포가 우리 집에 왔는데, 내가 집에 없어서 우체부가 두 번이나 집에 왔다가 갔다면서 소포를 찾으려면 마포우체국으로 가라는 메모가 붙어 있더라고.

할 수 없이 처음으로 마포우체국에 갔지. 한쪽에서 공사를 하느라 어수선했어. 2층까지 올라가는 계단이 10리처럼 아득했지. 막 계단을 올라가려는데 위에서 젊은 직원이 휭 날라서 내려왔어.

"오셨어요. 저 ○○우체국에 있던 직원입니다."

그 친구가 나를 보고는 단숨에 내려온 거야. 그러고는 두 손으로 내 손을 덥석 붙잡아. 많이 용감해진 것 같았어. 그때는 말도 제대로 못했는데.

"가장 힘들었을 때 아주머니는 저에게 희망을 주셨습니다. 어떻게 아주머니를 잊을 수 있겠습니까."

도둑이 제 발 저린다고, 나는 물어보기도 전에 고백했어.

"나, 그 보험 깨 먹었는데…."

"괜찮습니다. 그때 아주머니가 보험을 들어주셔서 얼마나 도움이 되었는데요. 그 고마운 마음은 보험을 떠나서 제 인생에 인간보험으로 남아 있습니다."

인간보험!

내가 암수술을 했다는 소식을 듣고 먼 시골에서 남자 친구가 왔어. 나는 그 친구에게 이런 말을 했어.

"야! 나 지금 부끄러워 죽겠다. 그 흔한 보험, 이 방에서 나만 없다니까. 나 이렇게 기 죽는 꼴 본 적 있냐? 나 어쩌냐? 요즘 통 잠이 안 와."

친구가 껄껄 웃더라고.

"순자야, 너는 인간보험은 정말 많이 들어놨더라. 살아 보니 그 보험만큼 더 좋은 것은 없더라. 기 죽지 마."

그 옛날 마포우체국 직원이 내게 했던 말이 떠올랐어. 그래, 인간보험이 지금 나를 암에서 일어나게 해주고 있구나.

인간보험. 아주 든든하고 기분 좋은 보험이야.

노는 물이
같아야
편하다

나에겐 생일이 없어. 누구 생일을 챙기는 것도 싫어해. 지구 위에 사는 모든 사람에게 생일이 있고, 한 해가 지나면 자연히 돌아오는 날이니 뭐 특별한 날도 아니지. 솔직히 나는 매일이 내 생일이라고 생각해. 아침에 눈뜨면 생일 아닌가?

《무탄드 메시지》라는 책을 보면 백인들의 무자비한 폭력 앞에 무릎 꿇지 않고 전통을 지켜나가는 오스트레일리아 원주민 부족인 오스틀로이드 이야기가 나와. 이 부족은 오랜 세월 동안 숲을 전혀 파괴하지 않고, 아무런 오염 물질도 자연에 내놓지 않으면서 풍부한 식량과 안식처를 얻어 행복을 만끽하며 지낸 사람들이야. 이들의 문명을 가리켜 '무탄트'라고 하지.

그 부족 사람들은 생일을 축하하는 법이 없는데, 그 이유가 참 흥미로워.

"축하란 무엇인가 특별한 일이 있을 때 하는 건데, 나이를 먹는 것이 무슨 특별한 일이라도 된다는 말인가요? 나이를 먹는 데는 아무 노력도 들지 않아요. 나이는 그냥 저절로 먹는 겁니다. 우리는 나아지는 걸 축하합니다. 작년보다 올해 더 훌륭하고 지혜로운 사람이 되었으면 그걸 축하하는 겁니다. 하지만 그건 자기만이 알 수 있는 겁니다. 따라서 파티를 열어야 할 때가 언제인가를 말할 수 있는 사람은 자기 자신뿐이지요."

생일은 파티나 이벤트에 의미가 있는 게 아니야. 그 점에서 오스틀로이드 부족과 나는 생각이 같아.

두 번째 책을 만들어준 출판사 대표가 어느 날 나를 보러 왔어.

"저희들이 이번에 선생님 칠순잔치를 해드리고 싶습니다. 선생님 책을 출판하면서 많은 기자와 작가들을 만나봤는데 다들 선생님을 너무 좋아하고 다시 뵙고 싶어 하더라고요. 그래서 칠순잔치 자리를 빌어 선생님을 보고 싶어 하는 많은 분들과 재회의 기회를 만들어드리고 싶습니다. 선생님 가족들과 친구 분들, 친지 분들도 참석하셔도 됩니다. 허락해 주십시오."

그 말을 들으면서 참 마음이 무거웠어. 저 아름다운 마음에 상처를 줘서도 안 되고 내가 제일 싫어하는 칠순잔치를 할 수도 없고.

"그래. 일주일만 시간을 주라. 내 생각 좀 해보게."

이렇게 확답을 미뤘지. 그러고는 다음날 큰딸을 불렀어.

"야, 지금 엄마가 안 하던 짓 하게 생겼는데, 네 생각은 어떠냐?"

딸은 그렇지 않아도 한 번도 엄마 생일잔치를 안 해서 이번 칠순을 어쩌나 고민했대.

딸들은 엄마가 생일을 무시하고 사니 알게 모르게 스트레스를 받기도 했을 거야. 한번은 대구에 가고 있는데 큰애에게서 전화가 왔어.

"윤제 아빠가 지금 서울에 왔는데(이들은 주말부부), 엄마 오늘 생신인데 저녁이나 함께 먹으면 안 돼요?"

"아이고, 나 지금 대구 가고 있는데…."

한번은 통장 회의 하러 가고 있는데 전화가 왔어.

"엄마 오늘 생일인데…."

"나 지금 통장 회의 하고 있다. 여기서 잘 먹고 있으니 통과!"

매번 이런 식이었으니 우리 아이들이 속상했을 거야.

"엄마 참 잘됐네. 허락하세요."

하나님께서 바보에게 주신 선물로 생각하고 나는 그들의 마음을 받아들였어.

"선생님도 고민하셨겠지만 저희도 허락하지 않으시면 어쩌나 7일간 걱정을 많이 했습니다. 고맙고 감사합니다."

내 고향 같은 동네 홍대 앞에서 나와 같은 물에서 노는 60명을 초대해서 잔치를 했어. 20대에서 40대까지 남녀노소 불문하고 한 마음으로 모이니 그렇게 평안하고 마음이 따뜻할 수가 없었지.

앞으로 내게 다시는 생일이 없을 테니 철들고 나서 처음이자 마지막으로 생일잔치를 한 거지. 거금을 들여 내 생애 처음 해보는 생일잔치를 열어준 출판사 대표, 그리고 그 자리에 와준 60명의 고마운 마음들.

내가 다니던 교회에 권사님 한 분이 팔순잔치를 했는데 그분이 돌봐주던 아이들이 성공해서 잔치를 해줬다는 이야기를 듣고 그 생일잔치는 부러워했지. 바로 그런 생일이 멋있다고 생각했어.

나는 제대로 돌봐준 적도 없는데 도리어 나를 도와주기만한 친구들이 나의 칠십 번째 생일을 해주겠다고 나서니 고맙고 행복하지.

나는 지금도 30대, 40대 친구들이 많아. 90% 정도 될 거야. 나는 그 애들하고 있으면 평안해. 남의 말 할 시간 없이 자기들 일에 열심히 올인하고 있는 모습이 예뻐.

병원에 있을 때도 젊은 애들만 병문안을 오니까 선생님이셨냐고 했어. 항상 건강한 모습만 보다가 병원 침대 위에 환자복 입고 누워 있는 나를 보고 그 애들은 내 자식들만큼 슬퍼했어. 숨도 쉴 수 없이 바쁜 직장생활 하면서 나를 위해 새벽기도를 하러 교회에도 가주고. 항암치료를 받고 시골에 가 있으면 휴가를 내서 그곳까지 와주기도 했지.

　선생님 음악 듣는 것 좋아하신다고 꼬박 이틀을 밤낮으로 울면서 410곡을 만들어다준 고마운 그놈아.

　실크로 수의 해놓고 대기하고 있어준 부안의 예쁜 아이.

　내 생전 먹어볼 수도 없는 비싼 차를 잔뜩 싣고 달려와준 그놈아 PD.

　너희들의 가식 없는 하얀 마음, 저 무덤까지 안고 가련다.

따뜻한 말 한마디,
죽어가는 사람도
일으킨다

아이들은 부모들이 하는 말을 듣고 그 말을 먹고 살아. 부모가 어떤 언어를 많이 사용하느냐에 따라 아이의 성격이 만들어지지. 따듯하고 격려하는 말을 많이 듣고 자란 아이는 인격적으로 풍요롭고 포용력을 배우지만, 폭력적이고 신경질적인 말을 많이 듣고 자란 아이는 비판적이고 부정적인 어른으로 성장하게 돼.

내가 아는 사람 중에 여섯 살 된 딸아이를 키우는 젊은 엄마가 있어. 그이는 자기 딸이 너무 짜증을 잘 내고 말을 밉게 해서 고민이라고 하더라고. 뭐든 자기 뜻대로 안 되면 울고불고 화를 내면서 짜증을 낸대. 그러면서 어떻게 바른 말 습관을 가르치면 좋겠냐고 나한테 조언을 구해.

그래서 내가 그랬지. 아이가 짜증 내면서 말을 할 때 같이 화를 내지 말고 가만히 들어보라고. 그리고 어디서 들던 말이 아닌지 생각해보라고.

그러고 나서 한참 후에 그 젊은 엄마를 다시 만날 일이 있었는데, 그이가 그래. 자기 딸이 화가 나서 아빠한테 하는 말을 가만히 들어보니까 자기가 남편한테 하는 말을 그대로 하더래. 아주 깜짝 놀랐대. 아이는 보고 들은 대로 그대로 한다는 걸 새삼 깨달았다고 하더라고.

자, 나는 사랑하는 아이들에게 어떤 말을 하고 있을까, 생각들 해봐요. 아이들은 물을 마시듯 부모의 언어를 매일 마시며 자라는데, 내 아이가 언어 폭력이라는 독극물을 마시고 정신적으로 심리적으로 망가지고 있다면 얼마나 불행한 일이야.

생각 없이 무심코 던진 말 한마디가 상대에게 평생 씻기지 않는 깊은 상처를 만들 수 있지. 많은 사형수들을 만나면서 그들이 알게 모르게 언어 폭력 속에서 상처 받으며 세상에 대한 증오심으로 결국 범죄까지 저지르고 말았다는 안타까운 실화를 수도 없이 들었어.

대한민국을 떠들썩하게 한 흉악범 신창원을 기억하지? 그가 서울구치소에서 재판을 받고 있을 당시, 구치소 보안과는 매일매일 힘들고 괴로운 날을 보내야 했어. 사건 사고가 끊이질 않아 조용한 날이 하루도 없었거든. 견디다 못한 보안과는 교무과에 협

조 요청을 했어. 제발 신창원이 좀 달래보라고.

당시 교무과에는 김 과장이라는 분이 계셨는데, 이분은 성품이 온순하고 신앙이 깊었어. 우람한 체격도 아니고 재치 넘치는 달변가도 아니었지. 자그마한 키에 낮은 음성, 여자인 내가 한 손으로 밀어도 금방 넘어갈 것 같은 만만한 체구였어. 보안과의 요청을 받은 김 과장님은 재판을 받으면서 한창 사고를 치고 있던 신창원을 교무과로 불러들였어.

"여러 사람을 그렇게 힘들게 하면 네 마음은 편하겠니. 나도 너처럼 장성한 아들만 셋을 키우고 있다. 부모는 똑같은 마음으로 자식들을 사랑해줘도 제각각 불만을 갖고 있더라. 너라고 왜 불만이 없겠니. 하지만 교도소 좀 도와주라."

이렇게 말하고는 커피 한잔을 마시게 하고 보냈대. 지금 상황에서 무슨 말이 더 듣고 싶을까 싶어 평안하게 해주려고 따로 부탁하는 말도 하지 않았대.

몇 달 후 재판이 끝나 신창원은 감호 대상이 돼 청송감호소로 이송을 가게 되었어. 교도소는 다시 한 번 초긴장 상태에 돌입했지. 어떻게 저 신출귀몰한 흉악범 신창원을 청송감호소까지 무사히 데려갈 것인가를 놓고 있는 머리 없는 머리를 다 동원해서 작전을 짜느라 동분서주했다지. 그때 과장님이 다시 한 번 신창원을 교무과로 불렀어. 먼 길 가는데 따뜻한 커피 한잔 먹여 보내고 싶은 마음에.

"청송에 가서 잘살고 나오기 바란다. 그곳까지 무사히 가주었으면 좋겠구나."

그렇게 아주 짧은 몇 마디를 하고 나니 침묵이 흘렀어.

"······."

과장님이 이제 그만 나가보라고 해도 신창원은 일어나지 않고 머뭇거리고 있더래.

"왜, 무슨 하고 싶은 말이라도 있냐?"

"···과장님, 죄송합니다."

신창원은 어렵게 말문을 열더니 앞가슴에서 무언가를 꺼내 과장님 앞에 내놓더라는 거야.

"이송 갈 때 작업하려고 준비했습니다."

신창원이 내놓은 물건은 못을 갈아서 만든 예리한 송곳 하나와 팬티 고무줄을 꼬아 만든 끈이었대. 이 정도면 맨손으로 날아다니면서 사건을 만든다던 신창원으로선 못할 일이 없었을 텐데. 과장님은 너무 놀라서 무어라 대꾸할 말도 생각이 안 났대.

"이거, 여기 놓고 청송까지 잘 가겠습니다. 과장님, 항상 고맙게 생각하고 있습니다. 그런 따뜻한 말은 처음 들어봤거든요."

과장님은 몇 십 년 동안 교도소 안에서 볼 것 못 볼 것 많이도 보며 사신 분이야. 신창원은 그런 분을 깜짝 놀라게 했지. 생각지도 못한 신창원의 모습을 보는 순간 과장님 마음이 뭉클해지더래.

따지고 보면 과장님이 그렇게 대단한 연설을 하신 것도 아니잖아. 누구나 했을 법한 평범한 말을 했을 뿐이야. 그리고 과장님은 돌아서 나가는 신창원의 등을 한 번쯤 쓰다듬어 주셨을 거야. 그분은 항상 그랬으니까.

가슴을 울리는 말은 화려하고 힘 있고 카리스마 넘치는 그런 말이 아니야. 말주변이 없어 표현이 미숙해도 그 속에 정을 담고 있으면 상대가 움직이지. 한때 대한민국을 떠들썩하게 만들었던 신창원, 그 강한 사내가 무엇 때문에 여리고 순한 김 과장님 앞에서 무너져버린 것일까? 그 답을 모르는 이는 없을 거야.

김춘수 시인은 '그대가 나를 꽃이라 불러줄 때 나는 비로소 꽃이 될 수 있었다'고 했지. 언어는 바로 그 사람의 인격이야. 전혀 모르는 사람도 5분만 말을 섞다보면 그 사람의 인격이 그대로 묻어 나와.

언어는 또 얼마나 힘이 센지 몰라. 잘못 쓰면 평생 가슴에 상처를 남기는 폭력이 되지만 잘 쓰면 죽어가는 사람도 살리지.

목숨 같은 내 자식에게, 가족에게, 이웃에게 우리는 어떤 말을 하면서 살아야 할까.

자기 입으로 내뱉은 말은 반드시 부메랑처럼 되돌아온다는 것을 기억하면 욕 한마디도 쉽게 내뱉을 수가 없어.

휴식3

기쁨은 나누면 배

마두역 꽃 가게

우리 동네에 내가 좋아하는 꽃집이 하나 있어. 그 집 주인은 밖에 진열해둔 꽃을 그대로 놓아두고 퇴근을 해. 이유는 단 하나, 오고가는 사람들이 예쁜 꽃을 쳐다보면서 행복하라고.

그이도 처음에는 퇴근할 때 도난 방지를 위해 두꺼운 비닐 보자기로 씌워서 꽃을 관리했대. 그런데 문득 꽃을 덮어놓은 보자기가 무덤같이 보이더래. 전철을 타러 가는 사람, 집으로 돌아오는 사람들이 꽃을 보고 행복했으면 좋겠는데, 자기가 컴컴한 무덤을 만들어놓으니 꽃 가게 앞을 지나면서 사람들이 더 우울할 수도 있겠다는 생각이 들더래. 거기에까지 생각이 미치니 얼굴

한 번 본 적도 없는 사람들에게 미안하더라는 거야.

'아! 이건 아니다.'

주인은 무덤 같은 보자기를 걷어버리기로 마음을 먹었어. 예쁜 꽃을 그대로 놓아두면 그 꽃을 보면서 지치고 피곤한 마음에 위로가 되겠다 싶었지. 그 이후로 퇴근할 때 늘 보자기를 덮지 않고 꽃을 그냥 놔두고 있어.

그랬더니 주변 사람들이 더 걱정이야. 그러다 누가 화분을 슬쩍 가져가면 어떻게 하냐며 다들 만류를 하더래. 하지만 꽃집 주인은 마음을 바꾸지 않았어.

"꽃을 누가 가져가면 교회에 십일조 했다고 생각하기로 했습니다. 그 꽃 가져가서 그 사람이 행복하면 나도 함께 행복하기로 했습니다. 그런데 놀랍게도 문틈에 돈을 끼워놓고 화분을 가져간 사람은 있어도 도난을 당한 적은 단 한 번도 없답니다."

꽃집 주인을 보면서 봉사는 큰 것을 주는 것이 아니라 조금이라도 내 마음을 내주는 것이라는 것을 느꼈어. 주인이 내주는 차 한잔을 마시면서 한 시간 동안 꽃 같은 이야기를 들었더니 찻잔도 식지를 않아. 내 마음도 계속 뜨거웠어.

마두역에서 지하철을 타고 내리는 모든 사람들과 꽃집 주인은 무언의 사랑을 나누고 있는 거지. 마두역을 오가는 사람들은 참 복 많은 사람들이야.

휴식4

슬픔은 나누면 반

외로운 남자들

　10년 전만 해도 큰 교도소에는 장기수들이 많이 있었어. 장기수에는 일반 장기수가 있고, 이북에서 내려와 간첩 활동을 하다 잡힌 장기수가 있어.
　간첩으로 내려와 붙잡힌 장기수는 1차에서 사형선고를 받은 후 무기로 감형되기도 하지. 그러고는 20년 이상을 감옥에서 살다가 세상으로 나오는 경우가 있어.
　나는 장기수가 출소를 하면 감옥 밖에서도 자주 만났어. 그럴 만한 이유가 있었지.
　남한이 고향인 장기수들은 20년을 살고 나와도 찾아갈 집과 자식, 아내가 있어. 그러나 이북에서 온 장기수들은 출소해도 고향이 이북이라 혼자서 외롭게 살아야 해. 출소 후에도 계속 경찰의 감시 속에서 외롭게 살아야 하는 신세. 이들은 감옥 안에서보다 감옥 밖에서 더 외로워.

박○○이라는 사람은 25살 때 간첩으로 내려왔다가 곧바로 잡혔어. 그는 1차에서 사형선고를, 최종 무기형을 선고받아 25년을 옥에서 살다 나왔어. 북에 두고 온 한 살배기 아들 하나와 아내를 그리며 끝내 장가 가는 것도 거절했지. 언젠가 북으로 가면 떳떳하게 아내와 아들을 만나야 한다며. 그 사람이 지금 78살인데, 아직 혼자 살고 있어.

전에는 매달, 지금은 가끔 한 번씩 박 선생을 만나. 내가 측은한 마음으로 봉사한다고 생각하고 만나면 그분이 자존심 상할까 봐 자유로 끝에 있는 통일동산에 놀러 가자고 해. 왜 통일동산이냐 하면 통일전망대에 가면 북한이 보이니까.

박 선생은 아마 북으로 갈 수 없을 거야. 언제 통일이 되겠어? 그런데 박 선생은 출소하고 23년이 지났는데 아직까지도 통일이 되어 가족을 만날 수 있을 것이라고 믿고 북녘 땅만 바라보고 있어. 나는 그런 사람의 말벗이 되어주고 싶은 거지.

나를 '맥아더 장군'이라고 부르는 장기수 출소자가 있어. 그럴 만도 하지. 나보다 몇 살씩 위인 남자들(출소자)을 데리고 이곳저곳 다니는 모습이 정말 맥아더 장군 같았을 거야.

한번은 네 남자를 태우고 서울역을 지나가고 있었어. 여기가 서울역이라고 설명을 해주다가 그만 교통순경에게 신호위반으로 딱 걸렸어. 순경은 딱지를 떼기 전에 본능적으로 차 안을 들여다보았지.

한 여자가(당시 나는 40대) 나이가 있는 남자 넷을 한 차에 태우고 있으니 무척 궁금했던 모양이야.

"이 사람들은 다 누구죠?"

"다 간첩들입니다. 위반 딱지를 떼는 대신 이 남자들을 데려가서 간첩 신고하고 2억 버세요."

그때 당시에 간첩 한 사람을 잡으면 포상금 5천만 원을 줬거든. 순경은 내 말에 눈이 휘둥그레졌어.

외로운 남자들에게 서울 구경을 시켜주러 나왔다고 내가 설명을 했지. 그 말을 듣고 순경이 거수경례를 하더라고.

다음 행선지는 63빌딩. 가는 길에 나는 '과수원길'을 불러줬어. 음정과 박자가 맞지 않아도 외로운 남자들은 북녘 고향 땅에 있던 과수원 생각에 잠겼을 거야.

다행히 출소 후 결혼을 해 가정을 꾸린 사람들도 가끔 있는데, 결혼생활이 쉽지만은 않아. 함께 사는 여자가 늘 불안해해. 남편이 간첩이었다는 한 가지 이유 때문에. 그래서 나는 출소자가 새 가정을 꾸리면 열 일 제쳐두고 그 집으로 달려가 아내부터 만나.

"다른 말 다 필요 없습니다. 당신 남편은 김일성이 추천한 남자입니다. 믿고 사세요. 이북이 어떤 나라입니까. 간첩을 보낼 때 아무나 보내겠소. 당신은 가장 확실한 검증을 받은 북한산을 데리고 사는 겁니다."

　남편이 북한산 김일성 보증수표라는 말에 아내의 얼굴이 목련처럼 활짝 피어나. 남편이 간첩이었다는 불안감이 잠시 사라지는 거지.

휴식5

나눔의 원칙

마음으로 보낸다

　나는 버리기를 좋아하는 사람이야. 그런데 무엇이 되었든 쓰레기 버리듯 내놓은 적은 없어. 매번 누군가 꼭 필요한 사람에게 내 것을 보낸다는 심정으로 내놓지.
　헌옷함에 옷가지를 버릴 때도 누가 보든 갖고 싶다는 마음이 들 정도로 갖춰서 내놔. 보는 사람이 갖고 싶다는 마음이 들려면 우선 깨끗하게 빨아야지. 필요하면 다림질도 하고. 내 가족이 입을 옷처럼 깔끔하게 손질을 해서는 비닐봉지에 담아. 그리고 '이 옷은 깨끗하게 빨아두었으니 필요하면 가져다 입으셔도 됩니다.' 라고 종이에 메모를 써서 넣는 거야. 쓰레기 버리듯 둘둘 말아서 버리면 필요한 사람에게 제대로 전달이 안 되니까.

 몇 년 전 교도소 선교회에서 불우이웃돕기 헌옷 모으기를 한 적이 있어. 우리 회원들은 다들 부유하고 지성인들이었지. 나는 모인 옷을 정리하면서 참담한 마음에 배신감을 느꼈어. 불우한 사람에게 전달할 옷인데, 불우한 사람에게는 쓰레기 버리듯 내놓아도 된다는 말인가? 모인 옷가지 중에 어느 것 하나 입고 싶은 마음이 들지 않았어. 진짜 쓰레기였거든. 결국 아무도 모르게 몽땅 다 갖다 버렸지.

 버리는 것과 보내는 것은 달라. 우리는 알게 모르게 많은 것을 버리면서 살아. 내게 필요 없는 것을 버릴 때도 누군가에게 보낸다는 마음으로 내놓으면 부유한 마음이 돼.

 지금은 오피스텔이라서 옷을 내놓을 수 없어서 못하고 있어. 옛날에 아파트에서는 투명한 비닐에 옷을 얌전히 넣어 메모를 동봉했지.

 '이 옷은 얼마 동안 입었고, 드라이크리닝을 이미 해놓았으니 맞는 분은 입으세요.'

 내놓고 한 시간 있다 가면 금방 누군가가 가져갔어. 버리는 것이 아니라 나눠주는 마음으로 내놓아서 그랬던 거 같아.

3장

자식은 부모라는 토양이 중요해

어머니의 가슴은
절대 차면 안 된다

엄마 가슴은 절대 차면 안 돼.
엄마는 똑똑할 필요도 없어.
엄마 가슴이 뜨거우면 아이는 그 열로 살아갈 힘을 얻는 거야.
그런데 요즘 엄마들은 가슴은 차고 머리는 똑똑해서 아이들이 탈이 많이 나거든. 한 치 앞도 내다보지 못하고 전전긍긍하면서 아이를 닦달하는 엄마들을 보면 아이들이 너무 불쌍해 보여.
아이는 뜨거운 엄마의 심장 아래서 10개월을 함께 숨 쉬다 세상에 나왔기 때문에 엄마 가슴에 익숙해 있어. 그래서 늘 아이는 안아줘야 돼. 뜨거운 엄마 가슴에서 열을 못 받고 자란 아이는 가슴이 따뜻하지 않아. 열을 전달받지 못했으니 당연하지.

아이는 엄마가 전해준 가슴의 열기로 세상을 살아가. 엄마의 매니지먼트로 사는 게 아니야. 경제적으로든 심리적으로든 세상살이가 힘들 때 엄마 가슴은 더 뜨거워야 해. 아빠에게는 그런 용광로가 없어. 남자(아빠) 자신도 뜨거운 아내의 가슴을 원해.

몇 년 전에 강원도 인제에서 양구로 가는 꼬불꼬불 산길에서 버스 한 대가 추락했어. 사고 당일은 폭설 때문에 구조 작업도 못하고 다음날 구조에 들어갔지.

버스에 탄 22명 전원 사망.

시체를 옮기다 구조대원들은 옷을 벗고 맨몸으로 얼어 있는 여성의 시체를 보고 깜짝 놀랐대. 그녀는 두 팔로 보따리 같은 것을 가슴에 안고 있었어. 그 속에 어린아이가 아직 숨을 쉬고 있는 거라. 아이는 아직 살아 있었어. 버스가 추락하고 의식이 있을 때 엄마는 자기 옷을 벗어 아이를 덮은 거야. 엄마의 뜨거운 가슴에 남아 있는 열을 숨을 거둘 때까지 아이에게 전달하고 있었던 거지. 마지막 체온 한 점까지 아끼지 않고 아이에게 다 전해주고 간 엄마 가슴.

그 어떤 언어로 이 깊은 사랑을 표현할 수 있을까?

엄마의 힘은 상상을 초월할 정도로 강해. 자식이 험한 풍랑을 만나면 상처투성이가 되어도 자식의 손을 놓지 않고 안전한 곳으로 데리고 가는 사람이 바로 엄마야. 최고의 위기에서 불가사의한 힘을 토해내는 존재는 어머니뿐이야.

교도소에 들어오는 청소년들 중 80%가 엄마가 없어(오래전 어느 교화위원이 논문을 쓰기 위해 조사한 적이 있다). 엄마가 엄마란 힘으로 아이들을 붙잡고 있으면 그 아이들은 절대 휘청거리지 않았을 거야.

우리나라 야구계의 명장이자 야신이라고 불리는 김성근 감독. 나는 그의 부인 오효순 씨와 한때 가족처럼 지냈어. 교회도 함께 다녔지. 게다가 한 가사도우미가 오전 오후로 나눠 양쪽 집안일을 했으니까 꼭 한 식구 같았지.

오효순 씨가 어느 날 일본에서 시어머니가 오셨다고 집으로 놀러오라고 해. 나는 효순 씨에게 시어머니 이야기를 워낙 많이 들은 터라 정말 보고 싶었어. 한달음에 달려갔지. 시어머니가 방에 자리 잡고 앉아 계시는데 꼭 궁중에 계시는 마마님이 오신 것 같더라고. 곱고 엄격해 보이는 외모에 단정한 자세. 일본에서 교포라는 신분차별 때문에 고생하신 흔적은 전혀 찾아볼 수가 없었지.

그분의 자식 사랑은 내게 큰 감동을 주었어. 그분과 헤어져야 할 시간이 다가오고 있다는 것이 애인하고 헤어지는 것보다 더 아쉬웠어.

그분은 혼신을 다해서 자식을 지켜내고 계신다는 것을 느낄 수 있었어. 한 말씀 한 말씀이 그대로 에너지를 만들어내시는 분이었지. 내 두 손으로 그분의 손을 맞잡고 나도 그 열을 전해 받

고 싶었어.

며느리가 다니는 교회에 매주 오는 교인처럼 하나도 어색함이 없이 나오셨어. 그분은 일본에서는 불교 신자셨어. 며느리의 종교를 존중해주는 그 큰 마음. 나는 내 인생 10년을 그분께 선물로 드리고 싶었어.

만나고 헤어질 때까지 두 손으로 그분의 손을 잡고 땅에 떨어질세라 그분의 아들 사랑 이야기를 들었어.

그 어머니를 보면서 오늘의 김성근 감독이 홀로 성공한 것이 아니라는 확신이 들었어. 일본 땅에서 서럽고 힘겹게 키운 자식이 어느 날 한국으로 떠나버렸을 때 어머니는 통곡했다고 해. 매일 절에 가서 부처님 앞에 오롯이 기도하면서 얼마나 울었는지 일어날 때는 치마 앞자락이 흥건히 젖어 있었대. 그러던 어느 날 내가 이렇게 울고만 있으면 안 되지 싶어 산에서 조그만 새끼나무 하나를 가져와 추녀 밑에 심었대. 그때부터 '저 나무가 우리 성근이다'라고 생각하며 나무를 정성껏 돌봤다고 해. 바람이 불면 넘어지지 않게 기댈 것을 만들어주고 목말라 하기 전에 물을 주고 눈보라가 치면 거적으로 둘러주고. 그러면서 어머니는 기도했지. 며느리 오효순 씨는 결혼하고 일본에 가서야 그 나무에 대해 알았대.

"아이야, 저 나무가 성근이 나무다."

효순 씨는 나무가 얼마나 잘생기고 곧게 자랐던지 놀랐다고 해. 그때 효순 씨는 저렇게 공들여 키운 아들을 내가 잘 섬기고 내조해야겠다고 결심했대. 야구 한다고 일 년에 두세 번밖에 집에 안 들어와도 효순 씨는 불평하지 않았대. 남편의 빈자리를 대신해 가족을 지키려고 성실하게 산 사람.

김성근 감독은 여자 복이 많은 사람이야. 어머니를 잘 만났고 두 번째 여자인 아내를 잘 만났어. 오효순 씨는 대학을 졸업하고 독일로 유학가려고 기다리다 김성근 감독에게 반해 유학 보따리를 풀어버리고 결혼한 사람이야. 성격 좋고 신앙심 깊고 자식 사랑 뜨거운 이런 아내를 만난 것도 그 어머니의 힘이 아니었을까?

김성근 감독의 어머니는 현해탄을 건너 일본에 계셨어. 그러나 어머니의 따뜻한 가슴은 거리를 초월해. 먼 곳에 있어도 낮이고 밤이고 연료 공급이 되고 있었던 거지. 하루도 거르지 않고 말이야. 아들이 그것을 느끼고 좋은 연료를 공급받아 오늘의 큰 나무가 된 거야.

엄마는 자식을 바라볼 때 평안해야 돼. 아이가 세상을 살면서 느끼는 불안과 고통을 어디서 위로받을 수 있겠어? 엄마 가슴밖에 없어.

그런데 요즘 엄마들은 어때? 엄마 눈이 감시카메라가 되어 성적표 감시, 휴대전화 감시, 공부방 감시. 마음 같아서는 할 수만 있으면 자식 마음속까지 MRI로 찍어보고 싶을 거야.

그런 어머니 밑에서 자란 아이는 항해를 하지 못해. 아이는 거친 파도를 헤치면서 세상을 배워야지. 거친 파도와 맞서다 잠시 무인도에 떨어질 수도 있고 표류를 할 수도 있어. 그래도 스스로 항해하게 아이를 거친 파도로 내보내야 돼.

매일 힘든 여정을 보내고 아이는 지친 몸으로 엄마의 품으로 돌아와. 집으로 돌아온 아이는 엄마가 전해주는 사랑의 기름을 넣고 다음날 또다시 거친 세상으로 나가는 거야. 그래서 엄마의 가슴은 기름탱크야.

특히 아이는 학교로, 부모는 직장으로 나가는 아침 시간에 다정하게 헤어져야 돼.

잠깐이라도 안아주고, 격려의 말이라도 한마디 건네주어야 돼. 이것이 서로에게 좋은 기름(사랑과 신뢰)을 넣어주는 방법이야. 이런 기름을 넣고 나간 아이는 그 기름 덕분에 밖에서도 평안하게 놀아.

형편상 거리가 떨어져 있을 때도 기름은 얼마든지 넣어주고 공급받을 수 있어. 이렇게 기름 공급이 잘 이루어질 때 가족의 결속력이 강해지지. 항상 손잡고 한 집에 붙어 있다고 결속이 잘 되는 것은 아니야.

이제 가족의 개념이 변화하고 있어. 엄마는 집에 있고 아버지는 돈 벌러 나가고, 그런 시대는 가버렸어. 각자의 일을 열심히 하면서 보이지 않게 기름을 서로 공급하면서 자기 세계를 향해

가는 것이지. 자기에게 주어진 몫을 잘해줄 때 결속력은 강해지는 거야.

선생님은
누가
지켜주나

40년 전 우리 아이들이 다닌 사립 초등학교는 극성의 극치였어. 어떤 학부모는 선생님이 자기 아이에게 야단 한 번만 쳐도 바로 학교로 달려갔지. 두 팔 걷어붙이고 도둑놈 잡으러 가는 경찰처럼 학교로 막 달려가는 거야. 선생님들은 그때가 가장 무섭다고 하더라고.

'지가 뭐라고 귀한 내 새끼 눈에 눈물 나게 해.'

이때 엄마 눈에 선생님은 그냥 동네 아주머니야. 이런 화를 품고 학교로 달려간 부모는 담임선생도 안 만나. 바로 교장실로 직행해서는 그 선생님을 자르라고 난리를 부려. 교장선생님도 그날은 죽는 날.

이렇게 극성스러운 엄마들에게 아이가 어쩌다 도시락(지금처럼 학교에서 급식을 하지 않았지)을 놓고 간 날이면 학교 갈 핑계거리가 생기는 거지. 때는 이때다 싶어 임금님 수라상도 부럽지 않은 도시락 보따리를 싸들고 학교로 가는 거야. 그러면서 또 말을 만들어내고. 엄마들의 극성이 얼마나 무서운가를 그때 알았어.

우리 동네 엄마들은 학교를 감시카메라로 보듯이 매일 지켜보며 동태를 파악했어. 실제로 학부모 중에 경찰 간부가 있어서 꼭 첩보 영화를 보는 듯했지. 나 같은 사람은 가만히 있어도 자동으로 보고를 듣게 돼.

어느 날 우리 큰딸에게 큰일이 생겼다고 엄마들이 우리 집으로 몰려와서는 한바탕 난리를 치는 거야.

"진숙이 엄마, 학교 빨리 가보세요."

그 엄마들의 레이더망에 우리 진숙이가 딱 걸린 거야. 이유는 간단해. 우리 딸이 키가 앞에서 두 번째인데도 맨 뒤에 앉혀 놨대. 그리고 키며 덩치가 바위산만큼이나 커서 맨 뒤에 앉아 있던 아이를 진숙이 자리에 앉혔다는 거야. 그러더니 뭐 대단한 정보라도 주는 것처럼 빨리 촌지를 갖고 선생님을 찾아가보라고 하더라고.

남편에게 상의해볼까도 생각해봤지만 금방 포기했어. 남편에게 '촌지'라는 단어는 씨알도 먹히지 않을 말이야. 촌지 어쩌고 하는 말을 꺼냈다가는 대포 들고 학교로 달려갈 남자였으니까.

나는 이미 엄마들의 입을 통해 담임선생님은 돈만 좋아하는, 우리 학교에서 제일 나쁜 사람이라는 선입견을 갖게 됐지. 겁이 나서 학교를 가지 못하고 있는데 나보다 더 속이 타는 것은 첩보원 엄마들이야. 엄마들의 극성에 내가 내 명대로 못 살 것 같더라고. 결국 2주가 지나 전쟁터로 가는 심정으로 학교로 갔어. 선생님은 나를 보자 예민한 표정으로 먼저 말문을 여셨어.

"진숙이가 뒷자리에 앉아 있으니 속상하시죠."

"아니요. 진숙이가 얌전하고 공부를 잘하니까 선생님이 신경 안 써도 될 거 같아 믿는 마음에 뒤에 앉게 하신 것 아닙니까? 키 큰 애는 선생님의 관리가 필요해서 선생님 잘 보이는 곳에 앉게 하고요. 저는 그렇게 알고 왔습니다."

선생님이 생각하기에 의외의 반응이었는지 눈을 동그랗게 뜨고 나를 쳐다보시더라고. 나는 솔직하게 말했어.

"우리 동네 말 많은 엄마들이 난리가 났습니다. 그런데 저는 그 엄마들 말 안 믿습니다. 저는 선생님 말씀을 믿고 싶습니다. 선생님, 우리 동네 엄마들 말이 맞습니까, 아니면 제 생각이 맞습니까?"

선생님은 내 손을 꼭 잡더니 이렇게 말했어.

"진숙이 어머님, 정말 고맙습니다. 저를 믿어주셔서요."

그동안 선생님은 부모들의 오해로 마음고생을 많이 한 것 같았어. 내가 그때 다른 엄마들 말만 믿고 선생님에게 다짜고짜 따졌다면 그 선생님은 어떤 기분이었을까. 촌지를 좋아한다는 게 사실이든 아니든 내가 먼저 호들갑 떨면서 처신하지 않은 것이 얼마나 다행인지. 지금 생각해도 백번 현명한 대처였던 것 같아. 극성스런 엄마들의 소문만 전해 듣고 내가 중심을 잃었다면 괜찮은 선생님을 놓쳤을 거야. 그리고 우리 아이도 나도 상처 받았겠지.

나는 그 뒤로도 촌지 한 번 준 적이 없지만 선생님께 좋은 엄마로 인정받았어. 얼마 후 선생님이 미국으로 이민을 가시게 되었는데 학부모들이 함께 이별파티를 조촐하게 마련했지. 그때 그 선생님은 춤도 못 추는 나를 끌어안고는 미국에 가서도 진숙이 엄마를 잊지 못할 것 같다고 내 귀에 대고 조그맣게 말했어.

선생님은 내 맘에 들어도 선생님, 마음에 안 들어도 선생님이야. 내 아이를 학교에 보냈으면 선생님이 좋든 싫든 아이들 앞에서 선생님에 대해 함부로 말해서는 안 돼. 선생님에 관한 흉을 실컷 들은 아이가 학교에 가서 선생님을 어떤 마음으로 바라보겠어? 내 아이가 선생님을 무시하고 불신하면서 공부를 잘할 수 있겠어?

우리 아이의 선생님이 100% 내 마음에 들지 않는다 해도 끝까지 아이에게는 너희 선생님은 괜찮으신 분이다, 그렇게 말해주어야 돼. 그러면 아이는 부모의 말에 힘을 얻어. 엄마가 건강한 말과 행동을 보여줄 때 내 아이도 건강한 기운을 받는 거지.

자녀 교육은 엄마가 바로 서 있어야 제대로 돼. 엄마가 이리저리 휘청거리면 아이도 휘청거려. 엄마들이 선생님에 대해 떠드는 무성한 말은 그냥 한 귀로 듣고 한 귀로 흘려버리는 부모가 현명한 거야.

나는 단호하게 말하고 싶어. 선생님에 대해 함부로 말하지 마. 엄마가 선생님을 함부로 대하는데 그 자녀가 건강한 경우는 본 적이 없어.

선생님이 추락하면 세상은 선생님을 향해 힘껏 돌을 던지지. 부모가 추락하면 누가 돌을 던지겠어?

바로 내 자식이 돌이 되어 나를 때리는 거야.

지구상에 사랑의 매는 없다

73살 먹은 어머니와 47살 먹은 딸이 마주 앉아서 40년 전 사건을 두고 싸움을 하고 있어. 73살 먹은 엄마가 코너에 몰리고 있어. 47살 먹은 큰딸이 초등학교 때 엄마에게 맞았다고 고발을 하네.
"엄마! 그때 멍이 들도록 때렸잖아~."

그 말에 나는 깜짝 놀랐어. 내가 너희들을 때렸어? 갑자기 얼굴에 열이 오르네. 나는 애들을 한 번도 때려본 일이 없다고 생각했는데. 그것도 멍이 들도록 동생하고 둘이 맞았다고 하네. 때린 사람은 잊었는데 맞은 아이는 기억하고 있는 상황.

딸아이 말에 의하면 대단한 일도 아니고 동생하고 둘이 신나게 놀다 너무 늦게 들어왔다는 이유로 맞았대. 내 성격에 때렸다면 그럴 만한 충분한 이유가 있었을 거야.

그런데 '맞을 만한 짓'이 얼마나 심각하고 중요한지는 지금에 와서 보니 아무런 의미가 없어. '맞았다'는 사실만 물 위에 둥둥 떠 있어. 다시 듣기도 민망스럽고 부끄러워.

쉰 살이 다 돼가는 딸이 40년 전 엄마에게 맞은 상처를 내보이는데, 나는 핵폭탄 맞은 기분이었어. 나도 체벌을 했구나.

요즘 체벌에 대해 이런저런 말이 많아. 사랑이 없는 매는 아이들을 병들게 하지만 사랑의 매는 때려야 사람 된다고 하는 목소리가 더 크게 들리는 것 같아.

글쎄, 과연 그럴까? 사랑의 매가 정말 사랑의 매일까?

맞은 아이가 '선생님의 매, 부모의 매는 사랑의 매였습니다. 매는 아팠지만 가슴은 뭉클했습니다.'라고 할 때야 사랑의 매 아닌가? 맞은 자가 매라고 느끼는데 무슨 말이 더 필요한가. 선생님이 부모가 몽둥이 들고 대들면서 사랑하기 때문에 너를 때린다고 말하는 건 궤변이야.

내가 우리 아이들을 때렸을 때 사랑해서 때렸다면 40년이 지난 지금까지 그 슬픈 기억을 가슴에 안고 있을 리가 없어. 분명히 아이들이 약속을 어겼으니 나는 화가 났을 거야. 그럼 그것은 화의 매지, 사랑의 매가 아닌 거지.

쥐구멍이 열 개 있어도 딸 앞에서 숨을 곳이 없어. '꽃으로도 때리지 말라'는 말이 나를 너무 부끄럽게 했어.

사랑하는데 왜 때려?

《탈무드》에 나오는 격언에 '가장 큰 매는 침묵'이라고 했어. 때리고 싶을 때 안아줄 마음이 일어나지 않으면 그냥 침묵해봐. 침묵은 각자의 생각을 담아두는 거야. 아이는 침묵 속에서 스스로 반성하고. 부모와 선생은 자신의 분노를 침묵 속에서 조절하고.

사랑의 매는 이 세상에 없어. 절대로.

교과서 같은
부모가 되려고
하지 마라

 우리 두 딸은 모두 40대야. 나는 두 딸을 키우면서 나름대로 최선을 다했고, 또 잘하고 있다고 믿으며 키웠어.
 전북 부안에 나를 무척 아껴주는 50대 예쁜 여자 독자가 있어. 그이가 한번은 이런 말을 하더라고.
 "선생님은 쿨한 줄 알았는데 자주 뵙고 보니 범생이세요."
 나는 범생의 뜻을 몰랐지만 굳이 알려고 하지도 않았어. 6개월 후에야 그 뜻을 우연히 알고는 많이 놀랐지.
 내가 가장 싫어하는 교과서 같은 사람이 바로 나였다니.
 심리학을 공부하면서 나는 비로소 나의 교육이 교과서적이었다는 것을 알았어. 가장 매력 없는 엄마. 세월이 흐르고야 아이들이 어렸을 때 내가 참 잘못했다는 것을 깨달았어. 어찌나 미안한지 가슴을 쓸어내리면서 후회했어.

우리 둘째는 샘이 많고 자기 생각을 분명히 말하는 아이야. 그 애가 초등학교 1학년 때 옆집 형식이 오빠가 때렸다고 울면서 들어 온 일이 있었어. 나는 무슨 일이 있었는지 조목조목 물었지. 들어보니 오빠가 때린 것이 아니라 예뻐서 그랬네. 옆집은 남자 애들만 셋이고 우리 집은 딸만 둘이었어. 우리 둘째가 예쁘고 귀엽게 생겼거든. 남자들 속에만 살다 귀여운 여자 아이를 보니 한 번 쓰다듬어주고 싶었겠지. 그것도 바로 옆집에 살면서 매일 보고 지내니 친동생처럼 느껴졌을 거야.

나는 옆집 오빠 편에서 이야기하며 우는 아이를 달랬어. 그때 그 일을 우리 딸이 일기로 써서 학교에 냈어. 선생님이 답글을 달아 놓으셨는데, '엄마가 참 잘하셨습니다'라고 써 있었어. 선생님께 칭찬을 들으니 기분이 좋더라고. 그리고 아주 오랫동안 내가 교육을 잘 시키는 엄마라고 착각하며 살았어.

심리학을 공부하면서 그 당시를 다시 생각해봤어. 그 오빠가 때렸던지 예뻐서 쓰다듬었던지 간에 우리 아이는 일단 울면서 들어왔어. 그때 나는 상황을 물어보기 전에 무조건 아이를 끌어안고 '누가 우리 예쁜 딸을 그랬어?' 하면서 아이의 감정을 그대로 받아주었어야 했어. 그런데 나는 남을 먼저 배려한다고 교과서 같은 말로 하나하나 따져가며 질문한 거야. 타이르는 데만 급

급했던 거지. 우리 아이의 감정을 인정해주지 못했어. 8살 어린 딸은 교과서 같은 엄마 말 못 알아들었겠지.

그때 나는 30대 후반이었고, 아이는 철없는 초등학교 1학년이었어. 내가 어른의 눈으로 이야기하고 있을 때 8살 어린 딸은 마음을 기댈 곳이 없었을 거야. 아이는 상처 받았겠지. 8살 어린 아이는 무조건 안아주는 엄마의 품 안에서 실컷 울고 위로 받고 싶었을 텐데. 그런데 엄마는 교과서같이 순서 맞춰 짚어가며 훈육을 하고 있었으니.

아이가 힘들어할 때 엄마는 아이를 무조건 품에 안아주면 돼. 아이는 엄마 품에서 실컷 울고 나면 충분히 위로를 받아. '엄마는 언제나 네 편이야'라는 사실을 몸으로 보여주면 되는 거야.

무슨 정답을 찾으려고 할 필요가 없어. 울고 난 후 아이는 스스로 답을 알게 돼. 오빠는 나를 때리지 않았다는 것을. 자기가 뭘 잘못했을 때도 아이들은 스스로 다 알아. 뭐가 잘못되었는지 일일이 말해주지 않아도 아이들은 선과 악을 본능적으로 파악할 수 있어.

엄마가 철이 들고 나서 보니 아주 몹쓸 짓을 했어. 이제 와 미안하다고 사과한다고 해서 그때 받은 상처가 치유될까? 때는 이미 늦었지. 마음에 남은 상처는 쉽게 치유되지 않거든. 세월이 흘러도 절대 지워지지 않아.

나는 상담하면서 30~40대를 많이 만났어. 가족에게 받은 상처로 힘들어하며 사는 사람들이 너무나 많아. 엄마와 딸, 언니와 동생, 아버지와 아들.

어느 부모가 상처가 될 줄 알고 말을 했겠어? 어느 자식이 그 말의 상처를 지우고 싶지 않겠어?

상처는 받은 즉시 해결하는 것이 가장 좋은 방법이야. 그러나 생각보다 어려워. 서로 마음에 담아놓고 드러내지 않기 때문이지. 나는 가족 간의 상처로 힘들어하는 젊은이들의 슬픈 이야기를 듣고 있을 때 상담을 그만두고 싶었어. 이것만큼 더 가슴 아픈 고통이 또 있을까.

아직 내 아이가 말도 못하는 어린 아이일지라도 교육시킨다는 명분으로 명령하고 억압할 권리는 없어. 부모는 애들이 홀로 서기까지 바람에 쓰러지지 않도록 도움을 주는 도우미라는 것을 깨닫기까지 나 또한 오래 걸렸어.

아직 어린 아이를 키우고 있는 부모라면 절대 나 같은 실수를 하지 말라고 외치고 싶어. 아이들은 엄마의 훌륭한 말로 크는 것이 아니라 따뜻한 가슴으로 큰다는 사실을 잊지 말았으면 해.

남의 아이에게
상처 주면 내 아이도
함께 다친다

괴롭힘을 당하다 끝내 선택한 죽음.

오늘 아침에도 중학생 아이가 이 세상을 떠났다는 뉴스를 들었어. 얼마나 힘이 들었으면 죽음을 선택했을까? 그때 우리 어른들은 어디서 무엇을 하고 있었을까? 이런 뉴스를 들으면 나는 오랫동안 힘이 들더라고.

나도 초등학교 5학년 때 같은 반 친구에게 집요하게 괴롭힘을 당한 적이 있어. 그래도 나는 선생님이 배려해준 덕분에 그 친구를 피해 다른 반으로 옮길 수 있었어. 그래서 겨우 초등학교를 졸업할 수 있었지. 60년이 지난 지금도 고향에 갔다가 그 친구 소식을 들으면 심장이 더 뛰는 것 같아.

그때 그 친구, 다시는 보고 싶지 않고, 꿈에서도 만나기 싫어. 그것은 내가 그 아이를 용서하고 안 하고의 문제가 아니야. 그 아이의 존재 자체가 나는 싫어.

죽음을 선택한 어린 아이들의 고통이 얼마나 컸을지 나는 충분히 이해가 돼. 그래서 더 안타깝고 마음이 아프지.

지금은 대학교 3학년이 된 외손녀 윤제에게도 그런 일이 있었어. 윤제가 초등학교 4학년 때였어. 친구 사귀는 재미에 폭 빠져 있을 무렵이었지.

그때 나는 직장 다니는 딸이 퇴근할 때까지 윤제를 돌봐주고 있었어. 내 어린 시절 기억 때문인지 윤제가 학교에서 돌아오면 아이의 행동을 신경 써서 살피곤 했어. 학교에서 별일은 없었는지, 공부는 재미가 있는지, 친한 친구는 누구인지, 윤제에게 꼼꼼히 물어보곤 했지.

그런데 어느 날 청천벽력 같은 소리를 들었어.

"할머니, 나 학교 가기 싫어."

윤제는 깔끔한 성격에 올곧은 아이였어. 내 손녀라서 그렇게 말하는 게 아니라 정말 공부도 잘하고 성격도 명랑하고 친구들에게 배려심도 많은 아이였지.

한번은 이런 일이 있었어. 윤제가 유치원에도 가기 전 5살 때 일이야. 인천에서 서울까지 윤제를 내 차에 태우고 가는 길이었어. 그날따라 도로가 꽉 막혀 20분 동안 도로에서 꼼짝도 못하고 있었어. 삼복더위였는데 하필 에어컨도 고장이 나서 차 안은 찜통이었어. 아스팔트 열까지 받으니 차 안의 온도가 거의 40도는 되는 듯했어. 윤제를 보니 얼굴이 벌겋게 달아오른 데다 땀을 줄줄 흘리고 있더라고. 무척 힘들어 보였지. 그런데 그 어린 나이에 짜증 한 번 내지 않고 "할머니 괜찮아?" 하며 할머니 걱정을 먼저 하는 아이였어. 무슨 그런 애가 있을까? 존경심까지 생겼지.

할머니가 꽃을 좋아한다고 학교에서 돌아올 때는 아파트 잔디밭에서 풀이라도 하나 꺾어 와서 할머니에게 주는 마음이 따뜻한 아이였지.

그런 아이가 친구 때문에 힘들어하고 있었던 거야. 어렵게 입을 뗀 윤제는 반 친구 하나가 책가방을 강제로 들게 하고 심부름을 시킨다고 했어. 그 애가 눈만 한 번 크게 뜨면 숨도 못 쉬고 지냈다는 거야. 그 얘기를 듣고 있자니 내 심장이 두근두근 하는 거야. 초등학교 때 당했던 그 기억이 떠오르면서 나는 그만 혼돈 속에 빠져버렸어.

며칠을 두고 궁리한 끝에 윤제에게 말했어.

"할머니가 교문 앞에 서서 기다리고 있을 테니 오늘 학교 끝나고 그 친구하고 같이 나와라."

약속대로 윤제는 그 친구와 함께 교문을 나오고 있었어. 나는 자연스럽게 윤제를 불렀어.

"윤제야, 네 친구니? 우리 함께 떡볶이 먹으러 가자."

나는 아이들을 떡볶이 가게로 데리고 갔어. 그 친구가 먹고 싶어 하는 음식을 마음껏 먹도록 했어. 아무 말도 하지 않고 그냥 즐겁게 먹게만 했지. 나는 그 아이를 윤제를 괴롭히는 나쁜 아이로 생각하지 않기로 했어. 내 목적은 그 아이가 윤제를 더 이상 괴롭히지만 않으면 되는 것이었으니까.

음식을 실컷 먹고 나오면서 나는 그 아이의 손을 꼭 잡고 말했어.

"다음에 할머니가 또 이렇게 사줄게. 또 보자."

다음날 윤제는 학교에서 명랑하게 돌아왔어.

"할머니, ○○이가 굉장히 잘해줘요."

애들은 애들이야. 오랜 시간 동안 힘들었을 텐데도 윤제는 언제 그랬냐는 듯이 그 후 잘 지냈어. 학교생활도 예전처럼 즐겁게 했지.

아는 분 중에 종합병원 내과 과장으로 있는 의사가 한 분 있어. 하루는 베를린에서 반가운 손님이 찾아와 여럿이 함께 점심을 먹는 자리를 가졌어. 그 자리에서 의사가 자기 큰딸 이야기를 하면서 걱정스러운 표정을 지었어. 딸이 초등학교 6학년인데 같은 반 남자아이에게 집요하게 괴롭힘을 당하고 있다는 거야. 그런데 부모로서 어떻게 해야 할지 모르겠다며 의견을 구하더라고.

그 의사 딸은 공부도 잘하고, 얼굴도 예쁘고, 어느 것 하나 빠지지 않는 아이래. 딸을 괴롭히는 남자아이는 몸집이 크고 공부도 그럭저럭 하는 아이라고 하더라고.

의사는 6개월째 딸 문제로 고민을 하다가 본인이 해결책을 찾았다며 두 가지 안을 말했어. 첫째, 선생님께 사실을 말하고 선생님이 직접 남자아이를 불러 꾸중을 한다. 둘째, 부부가 남자아이를 따로 만나 혼내준다. 이 둘 중에 어느 방법이 좋겠느냐고 물었어.

나는 둘 다 하지 말고 우리 손녀딸 때 썼던 방법을 써보라고 권했지. 딸아이 말만 듣고 '그 남자아이=나쁜 아이'라는 선입견을 갖지 마시라고 당부했어. 자연스럽게 밖에서 만나든지 집으로 초대해서 엄마가 간식이라도 준비해주면서 솔직하게 대화를 시도해보라고 했지. 초등학생이라도 인격적으로 대접을 하면서 이야기해야 한다고 부탁했어.

"우리 아름이가 너 때문에 매일 힘들어한다. 네가 우리 아름이를 도와주면 안 될까? 네가 우리 아름이가 미워서 그랬겠니? 오늘 직접 만나니 남자답게 잘생겼네. 또 힘도 있어 보이고 믿음이 가는 게 아줌마 마음에 딱 드는데. 우리 아름이 좀 지켜주면 안 되겠니?"

이렇게 말하라고 구체적으로 조언을 했지. 한 달쯤 뒤 맑게 갠 하늘처럼 명랑한 의사의 목소리가 전화기를 통해 들려왔어. 내 의견대로 했더니 정말 명약처럼 효과가 있더라는 거야.

"선생님 말씀대로 그 아이를 사랑하는 마음으로 이야기했습니다. 그 아이를 나쁜 아이가 아니라고 생각하라고 하신 말씀이 중요했던 거 같아요. 그 아이가 잘 받아들여 주었습니다. 이런 경험을 하고 나니 이제 제 눈에 환자가 보입니다. 실습을 제대로 했습니다."

의사 선생은 현명한 사람이었어. 상대 아이가 다치지 않도록 애를 쓴 거지.

학교에서 일어나고 있는 왕따나 괴롭힘, 폭력 문제는 어느 한쪽의 힘만으로는 해결이 어렵다고 봐. 의사의 딸 문제나 우리 손녀딸 문제 정도는 아이들이 아직 어리고 악의가 없는 괴롭힘이었기에 서로에게 상처를 주지 않으면서 쉽게 해답을 찾아낼 수 있었지.

요즘 학교폭력 문제는 좀 더 복잡하고 어렵다는 걸 잘 알고 있어. 아무리 복잡한 문제도 해답은 결국 부모 마음 안에서 찾아야 돼. 내 자식이 소중한 만큼 다른 아이도 소중한 법. 내 아이를 살리기 위해서는 상대 아이도 함께 살아야 한다는 것을 명심해야 돼.

부모를 보면
아이의 앞날이
보인다

 15년 전, 서울구치소에서 만난 사형수 박○○는 잊을 수가 없어. 그때 그 아이는 23살이었는데, 끔찍하게 부모를 살해하고 증거인멸을 위해 지하실에서 시체에 불을 지폈어. 그리고 119에 태연하게 불이 났다고 신고를 했지.
 박○○의 부모는 제약업을 해서 돈을 엄청나게 번 50대 재산가였어. 박○○은 큰아들이었는데 공부에 관심이 없었어. 명색이 집안의 장남인데 우리나라에서는 대학도 못 갈 거 같으니 부모가 체면이 많이 상했던 것 같아. 돈이면 안 되는 것이 없다고 믿었던 부모는 아들을 미국으로 유학을 보냈어. 지인들이나 주위 사람들에게는 우리 큰아들이 미국으로 유학을 갔다며 자랑했겠지.

미국 유학 간 아들은 정작 학원도 제대로 다닐 실력이 못 되었어. '강남 또라이'에게는 노는 곳이 미국 캘리포니아로 바뀐 것밖에 달라진 것이 하나도 없었지. 한국에서처럼 먹고 놀기만 했어.

예전과 다름없이 나쁜 짓을 골라 하면서 방탕한 세월을 보냈지. 유학 간 ○○에게 부모가 해줄 수 있는 것이라곤 부족함 없이 살 수 있도록 돈을 보내주는 것이 전부였어.

그런데 미국에 간 아들의 씀씀이가 점점 커지는 거라. 한국에서는 그래도 부모 눈치도 봐가면서 놀았는데, 미국 땅에 혼자 있으니 더 심하게 방탕한 생활을 한 거지. 그러다 보니 부모가 보내주는 돈이 부족해지기 시작했어. ○○의 머릿속에 명쾌한 답이 떠올랐어. 부모를 없애버리고 그 재산을 제 마음대로 다 먹어버리는 것. 누가 들어도 용서가 안 되는 어리석은 불장난이지. 그러나 23살 그 아이에게는 어리석은 짓이 아니었어. 성공만 한다면 원 없이 살 수 있을 거 같았지. 결국 깊은 밤에 벌거벗고 들어가서 부모를 잔인하게 살해하고 시체를 지하실로 끌고 내려가 불을 질러버린 거야.

그 사건이 터지자 다들 경악했어. 나는 박○○을 오랫동안 상담하면서 그 부모의 어리석음을 원망했어.

그런데 놀랍게도 요즘 패륜 사건이 급증하고 있어. 그 말은 곧 박○○의 부모 같은 사람이 많아지고 있다는 뜻이야.

박○○ 부모는 자신들의 체면을 유지하기 위해서 자식을 희생

양으로 삼은 격이야. 자식이 부모를 죽인 것이 아니라 그 부모 스스로가 죽음의 덫을 놓은 셈이지.

현명한 부모는 내 아이가 몇 점인가를 잘 알아. 한국에서 지방대학도 갈 수 없는 아이를 미국으로 보내면 적응할 수 있겠어? 공부 잘하는 아이들도 유학 가서 공부 따라가기가 힘들다는데. 박○○ 부모는 아들의 객관적인 공부 점수는 안중에도 없었어. 자신들이 갖고 있는 돈이 기준이었던 거지. 돈이 모든 것의 중심이었어.

부모의 욕심이, 부모의 허세가 불러온 불행.

이런 부모는 누구도 못 말려.

휴식6

빨리 심어주면 좋은 것

삶의 이정표

    55년 전 중학교 졸업식장.

  사방이 휑하게 뚫린 시골 학교 운동장엔 꽃샘추위가 몰고 온 칼바람이 불어대고 있었어. 치마 속을 파고드는 바람과 추위 때문에 교정에 선 졸업생 120명은 똑바로 서 있기도 힘든 시간을 보내고 있었지.

  하지만 이번 졸업생을 마지막으로 40년간 몸담았던 교직을 떠나시는 교장선생님은 마지막 훈화를 하시면서 깊은 감회에 젖어계셨어. 그러니 오돌오돌 떨고 있는 학생들이 눈에 들어올 리가 없지. 하고 싶은 이야기가 넘쳐나는데 그깟 정해진 시간이 대수

랴. 이미 브레이크가 고장 나 버린 선생님의 말씀은 멈출 줄 모르고 계속되었어. 그 열악한 환경에서도 바람에 섞여 지나가는 말 한마디가 내 가슴에 꽂혔어.

"어디에 가서 살든 꼭 필요한 사람으로 살아라."

길고 긴 연설 중 왜 하필 그 말이 내 가슴에 와 박혔는지 모르겠어. 기억해야겠다고 어디에 써둔 적도 없는데 이후 55년 세월 동안 그 말씀은 언제나 내가 사는 데 지침이 되었어.

'세상에 필요한 사람이 되기 위해서… 나는 어떻게 살아야 하는가.'

어쩌면 그 고민이 봉사의 길을 선택하도록 이끌었는지도 모르겠어. 필요한 사람이 되기 위해 내가 무엇을 해야 하는지, 이 문제는 어떤 일에서든 언제나 제1번을 차지하고 있었어.

지금껏 사람에게든 나라에든 기대를 품고 살아오지 않았어. 기대가 없으니 원망과 실망도 없어. 무엇을 바라기보다는 내가 그를 위해 무엇을 할 것인가, 내 인생의 화두는 줄곧 그것이었지.

우리 아이들을 지켜주는 것은 권력이나 명예나 돈이 아니야. 아이 중심(심장)에 걸려 있는 이정표가 아이를 지탱해주는 힘이야.

조기 유학을 고민하기 전에, 유능한 과외 선생을 알아보기 전에 먼저 해야 할 일이 있어. 아이에게 삶의 이정표를 갖게 해주는 것. 어떻게 하냐고? 부모가 모범을 보이면 아이는 저절로 배우게 되지.

휴식7

지긋이 기다려주면 좋은 것

재능

한 날 한 시에 태어난 쌍둥이도 얼굴이 같지 않고 성격도 달라. 그래서 행복의 느낌도 사람마다 다 달라.

'누구처럼 되어라'라는 말처럼 잔인한 말이 어디 있어? 누구를 닮아버리면 나는 곧 없어져버리는데.

그런데 우리는 모든 아이들에게 한 가지만을 요구하지. 좋은 시험 성적, 명문대, '사' 자 들어가는 직업…. 네모를 세모나 동그라미 틀에 끼워 맞추라고 강요하는 거잖아.

나는 어린 왕자의 '행복론'을 좋아해. 좁은 공간을 탓하지 않고, 의자 위치만 조금씩 바꾸면서 하루에 지는 해를 마흔세 번이나 보면서 행복해하는 아이. 이런 것은 좀 닮으면 안 될까?
 부끄럽지만 각자 타고난 재능을 꽃피울 아이들을 떠올리며 '들꽃처럼'이라는 시를 한 편 써보았어.

 우리 아이들은 다 나무입니다.
 우리 아이들은 다 들꽃입니다.
 들꽃은 하늘에서 키워줍니다.
 땅바닥이 갈라지는 긴 가뭄에도 나무는 쉽게 말라 죽지 않습니다.
 들꽃은 하늘에서 비가 내릴 때만 물을 먹지만 항상 싱싱합니다.
 성급한 조급함에 물을 너무 많이 주면 뿌리는 썩고 맙니다.
 집에 나무나 화초 하나씩 내 자식이라 생각하고 관심 속에 키워봅시다.
 조그만 화분 속에 잎과 꽃잎이 얼마나 신비한 몸짓을 하는지 관심을 갖고 관찰하다 보면 그 안에서 인생을 깨닫게 됩니다.
 무관심 속에서 잊고 있다가 어쩌다 한 번 봐준다면
 그저 그런 화분일 뿐입니다.
 꽃시장에 나오는 값비싼 장미꽃만 꽃이 아닙니다.
 들길을 걷다 길섶에 숨어 있는 들꽃을 본 일이 있습니까?
 아무도 자기를 봐주지 않아도 들꽃은 세상과 다투지 않고
 자기만의 몸짓을 넉넉하게 하면서 예쁘게 피고 집니다.

아무리 아름답게 꾸민 장미도 이미 꺾인 꽃이라면
자기의 수명을 다하지 못하고 갑니다.
그러나 뭇사람의 발아래 수없이 밟히고 눌려도
들꽃은 자기만의 수명을 다하고 갑니다.

우리 아이들은 각자 자기만의 능력을 갖고 이 세상에 왔습니다.
내 아이가 이 세상에 갖고 나온 능력만큼만 받아들이면 됩니다.
아이가 꿈꾸고 맘껏 숨 쉴 수 있도록 창문을 열어 바람을 맞게 하고
태양을 바라볼 수 있도록 해주면 됩니다.
부모의 바람과 기대치 속에 아이들이 작아지지 않도록
그래서 행복을 찾아나서는 일을 망설이지 않도록 해주었으면 합니다.
우리 아이들은 저 햇살 아래 반짝이는 들꽃처럼 자유롭게 이 세상에 왔습니다.

4장

인생차선, 지키면서 살자

좋은 습관도
나쁜 습관도
내가 만든 작품

불교에서는 습관을 제2의 천성이라고 해. 좋은 버릇이 좋은 습관을 만들고 나쁜 버릇이 나쁜 습관을 만들어 결국 제2의 천성이 된다는 거야.

무심코 한두 번 한 행동이 한 번으로 끝나지 않고 반복적으로 계속되면 습관으로 굳어지지. 내가 가장 많이 하는 생각이 행동이 되고 그 행동이 습관이 돼. 결국 습관이란 좋든 나쁘든 내가 만들어내는 작품이야.

세상에 나온 아이는 운명적으로 만난 부모의 테두리 안에서 자랄 수밖에 없어. 부모의 일거수일투족을 보며 배우는 거지. 다행히 품성이 좋고 교양 있는 부모를 만난 아이는 자기도 모르게 좋은 습관을 가져. 따뜻한 하나님의 사랑과 부처님의 자비를 배우며 자란 아이는 건강한 인격을 갖게 되지. 그런 아이는 물렁뼈가 굳어지듯 몸과 마음이 단단하고 건강하게 성장하는 거야.

그러나 일등을 목표로 사교육만 쫓아다니는 부모, 감시카메라 메고 다니면서 아이를 찍어대는 부모, 남편 두고 딴짓하는 엄마, 아내 두고 도둑고양이 노릇하는 아빠, 호시탐탐 못된 처세술만 가르치는 부모를 보며 자란 아이는 무엇을 배울 것인가?

습관이 무서운 것은 자기도 모르게 자기 것이 되어 굳어버린다는 거야.

금당사건 박철웅을 상담할 때의 일이야. 언젠가 그가 이런 말을 해.

"저도 모르게 거짓말이 나와 버립니다. 내 의지와 상관없이요. 그러니 나라에서 저를 살려준다고 해도 이대로 하나님께 붙들려서 죽고 싶습니다. 저는 거짓말이 습관이 되어 버려서 거짓말이 진짜 같고 진짜는 거짓말처럼 들립니다. 죽었다 다시 살아나야 그 습관을 버릴 수 있을까, 이대로는 안 됩니다."

계속되는 습관이 굳어져버리면 내 의지로도 통제를 못하게 돼. 중독은 도박장이나 PC방에만 있는 것이 아니야. 흉보면서 닮는다는 말이 있듯이 가까이 지내는 사람과 나도 모르게 닮아가게 되지.

그래서 좋은 환경에서 좋은 사람과 가까이 해야 하고 나쁜 사람을 멀리해야 해. 주식 투자하는 친구가 가까이 있으면 어느 날 나도 주식에 손을 대게 돼. 짜증을 부리는 사람하고 같이 지내면 내 얼굴도 짜증난 얼굴로 굳어져.

인간은 유동적인 동물이야. 적응력이 좋은 동물이지. 어디서 누구하고 같이 있느냐에 따라 달라져. 인격 형성에도 영향이 미치지.

교도소에서는 별의별 사건을 다 만나. 한 방에서 먹고 자고 이야기를 나누면서 서로가 지은 죄에 대해서도 알게 되지.

거기서 범죄를 배워 나오는 경우도 많아. 영화나 TV를 보면서 모방 범죄를 저지르는 경우가 있는 것처럼 구치소 안에서 마음이 맞는 친구를 얼마든지 만날 수 있지. 옥살이 하면서 새사람이 되어서 나와야 하는데 범죄를 배워 나오는 확률이 훨씬 높아. 소년원에 들어가면 다음에 교도소로 갈 확률이 높아져. 교도소는 절대 들어가서는 안 되는 나쁜 환경인 거지.

약속은
지키라고
있다

삼각지 교회에는 최고의 기도왕으로 불리는 이○○ 권사님이 계셨어. 권사님은 이북에서 내려와 아들 하나를 키우면서 평생을 기도로 보냈어. 그분의 기도는 그냥 기도와는 확연히 달라 보였어. 그분을 보면서 사형수 상담은 저런 분이 하셔야 하는데, 하는 생각을 하곤 했지. 믿음이 너무나 작은 나는 그분 앞에 서면 한없이 작아졌어.

사형수를 상담하러 가면 가끔 상담실에서 이 권사님과 마주쳤어. 어느 날은 이 권사님이 상담하는 사형수와 같이 계시더라고. 그때 권사님이 상담을 맡은 사형수는 하나뿐인 아들 때문에 깊은 고민에 빠져 있었어.

연말 집행 날은 다가오는데 집에 두고 온 중학교 1학년 아들이 다락방에만 틀어박혀 학교도 가지 않고 밖에도 안 나간다고 했어. 외출이라고는 아버지 면회 오는 것이 전부래. 권사님은 이미 여러 번 그 집에 심방을 가셨다지. 더 자주 들여다봐야 하는데 그럴 형편은 못 되고 해서 권사님은 그 아이가 어떻게든 학교에 가게 해달라고 열심히 기도를 하셨대. 부디 자신이 돌보는 사형수가 평안한 마음으로 떠날 수 있도록 해달라고 간절히 기도했대.

나는 그때 재일 교포 2세 김○○ 사형수를 상담하고 있었어. 그 사람은 정말 기도가 필요한 사람이었어. 일본에서 명문 신학대학원을 나와 한국에서 신학박사 공부를 하던 중에 간첩죄로 사형을 선고 받았어. 기약 없이 집행 날을 기다리는 중이었지.

나는 권사님과 서로 돕기로 했어. 권사님은 내가 맡은 사형수를 위해서 기도를 해주기로 하고, 나는 권사님의 사형수 아들이 대학을 졸업할 때까지 경제적으로 책임지고 돌봐주기로 했지. 우리는 하나님 안에서 계약을 한 거야. 나는 내 사형수를 위해서 권사님의 기도를 산 거지.

나는 기도를 못하고 권사님은 경제적으로 도와줄 형편이 되지 못하니까 서로 보완을 한 거야. 교회에서 이런 일은 처음 있는 일이었어.

두 달 후 권사님의 사형수는 집행을 당했어. 그 후 권사님은 교도소에 오시지 않았어. 나는 약속대로 그때부터 11년 동안 사형수의 아들이 교육을 받을 수 있도록 지원했어. 11년간 가장 힘들었던 것은 돈 문제가 아니라 내가 권사님과 한 그 약속을 지키지 못할까 봐, 그 약속이 깨져서 사형수의 아들이 상처를 입을까 봐 두려웠어. 다행히도 그 아이는 대학을 졸업하고 좋은 직장에 들어갔어. 결혼도 했지.

그 뒤로 한 번도 권사님을 교도소에서 뵙지는 못했지만 열심히 밖에서 기도하셨을 거라고 믿어. 그 결과 김○○ 사형수는 출소해서 지금 일본 오사카에 살고 있어. 박정희 정권 당시 사형이 감형되기는 하늘에서 별을 따는 것만큼 어려운 확률이었어. 그런데 그 사형수는 무기로 감형을 받고 출소까지 한 거야. 나는 권사님의 기도에 대한 응답으로 믿고 있어.

그 약속이 내게는 너무나 큰 짐이라 많이 힘들었어. 그 11년 동안 나는 말에 대한 책임을 어떻게 져야 하는지를 공부했지.

약속을 서류로 했거나 말로 했거나 약속은 약속이야. 그리고 약속에는 크거나 작거나 혹은 중요하거나 중요하지 않은 게 없어. 예를 들어 아내에게 명품 가방 사주겠다고 한 약속은 큰 거라서 지켜야 하고, 아이에게 초코파이 사주겠다고 한 약속은 작은 약속이라서 안 지킨다는 건 말이 안 돼.

어떤 약속이든 약속을 했다는 게 중요한 거야. 지키지 못할 약속이면 애초에 하지도 마. 실없는 사람 되는 건 순식간이야.

선의의
거짓말이
있을까?

 서울구치소 종교위원으로 들어갈 때 철저한 신원조사를 받았어. 그도 그럴 것이 70년대 초는 간첩을 잡아오면 5000만 원을 상금으로 준다고 반공 교육을 시키던 시절이었으니까. 구치소 안에서 김일성 얘기를 꺼냈다가 간첩이라고 3년 옥살이를 한 사람도 있었어.
 서슬 퍼렇던 그 시절, 나는 감히 목숨을 걸고 간첩을 상대로 거짓말을 한 적이 있어. 29세의 한 젊은이가 있었지. 그 사람은 남한에서 간첩으로 활동하다가 직장에서 한 여인과 1년 동안 연애를 했대. 어느 날 신분이 탄로 나고, 그가 만나던 사람은 전부 간첩이라고(포섭 대상으로 의심을 받아) 잡혀 와 재판을 받았다지. 여자 친구 역시 3년 형을 선고받고 광주교도소에서 복역 중이라고 했어. 그 젊은이는 물론 사형수가 되었지. 집행 때까지 내가 상담을 맡게 된 거야.

그 친구는 예배를 보는 시간이든 자유 시간이든 항상 여자 친구 얘기뿐이었어.

"그 사람은 피해자입니다. 내 말을 믿어줄지 모르겠지만, 죽기 전에 '당신을 진심으로 사랑했다'는 이 한마디만은 꼭 해주고 싶습니다. 그녀에게 이 말만 전할 수 있다면 저는 평안하게 죽을 수 있을 것 같아요."

당시 간첩들이 쓰는 말은 모두 암호에 해당된다고 해서, 절대 누구와도 말을 못 나누게 했었지. 접선을 차단하겠다는 거지. 그러니 '사랑한다'는 그의 고백을 여자 친구에게 전하게 되면 나 역시 형을 받을 게 분명했어. 철두철미하게 신원을 조사해두는 이유가 그 때문이었지.

아무튼 나는 그 간절한 바람을 들어주겠노라고 약속을 해버렸어.

"내가 광주교도소에 가서 네 여자 친구를 만나 그 말을 전해주마."

내가 이 말을 꺼내던 순간, 빛나던 그의 눈동자를 어찌 잊을 수 있을까? 이래서 사랑의 힘은 태양보다 강하구나 싶었지. 저 사람 소원 한 번 들어주고 저 영혼 평안하게 저세상 가게 한 다음, 종

교위원 그만해도 괜찮겠다 싶어 결행하기로 한 거야.

광주교도소는 한 달에 한 번 정도 가는 곳이었고, 또 먼 데서 온다고 내 부탁을 다 들어주시는 분이 계셨기에 실행에 옮기기에는 그다지 어렵지 않은 상황이었어. 면회를 부탁했더니 "그 여자 며칠 전에 전주로 이감했는데요."라고 하더군.

그리고 몇 주가 흘렀어. 다음 주면 그 젊은이를 만나야 하는데. 반짝반짝 기대에 찬 눈으로 나를 기다리고 있을 텐데. 머릿속이 복잡해졌어. 고심 끝에 거짓말을 하기로 결심했어. 나는 거짓말에 익숙하지 못한 사람이니 빨리 끝내버리자. 머리 굴려서 번지르르하게 거짓말하려고 했다가는 차라리 하지 않은 만도 못할 테니.

"네 말 전했다. 저도 너 사랑한다고 하더라."

그 말이 채 끝나기도 전에 교도관이 들어왔어. 나는 진땀을 흘리고 있었지. 차라리 교도관이 빨리 들어와 준 것이 고맙더라고. 더 묻고 싶은 말이 산더미였겠지만 그 젊은이는 "지금도 너 사랑한다더라."라는 한마디에 이미 감동해 눈물을 글썽였어.

나는 못할 짓을 한 것인가? 실정법을 어기고 만 셈이라 마음이 편치 않았지만, 한편으로는 어차피 연말이면 저세상으로 갈 것인데, 행복하게 떠나면 되지 싶었어.

지금도 그때를 생각하면 가슴이 두근거려. 그때는 연말이면 반드시 사형을 집행했어. 그 친구 역시 3주 후에 집행을 당했지.

내 거짓말을 마지막 희망으로 꼭 안고 갔을 그 친구. 과연 잘한 짓이었을까?

죄 짓고는
절대
못 산다

'영원히 죄는 못 숨긴다.'

이 말을 믿는 사람은 현명한 사람이야. 신 앞에서는 어떤 거짓말도 통할 수 없지. 나도 하나님을 믿지만 안타깝게도 교인들이 거짓말을 너무 잘해. 국회의원 중 장로가 얼마나 많아? 또 장로가 되기는 얼마나 어려워? 장로라는 위치는 교회에서 선택 받은 사람들이야. 그런데 장로가 더 큰 거짓말을 해.

60년, 70년대 서울은 정말 추웠어. 그때는 방 안에 연탄난로를 들여놓고 난방을 하는 집이 많았지. 위험하니까 연탄난로를 사각 철망 같은 것으로 둘러놓았어.

특히 어린아이가 있는 집은 철망을 해놓아도 한시도 마음을 놓을 수 없었어. 두세 살 먹은 애들이 벌겋게 달아오른 쇠 난로를 만지면 그대로 화상을 입을 수 있으니까.

어리석은 엄마는 어린아이에게 조심하라고 손짓 발짓을 해가며 연신 소리를 질러대. 아이에게 위험하다고 주의를 단단히 주고는 잠깐 화장실에 가. 아이는 엄마가 방을 나간 즉시 난로로 돌진해. 엄마가 왜 저렇게 난로를 향해 손짓을 하는지 궁금하거든. 아이는 난로 옆에 가지 말라는 엄마의 말을 가보라는 말로 오해하는 거야.

현명한 엄마는 말로 하지 않아. 아이의 손을 뜨거운 난로에 살짝 갖다 대주지. 그러면 아이는 본능적으로 기겁을 해. 그런 경험을 하고 난 아이는 엄마가 잠시 자리를 비워도 난로에 절대로 손을 안 대. 3살 아이도 확인이 된 것 앞에서는 허튼짓을 안 하는 거지.

하나님은 좋기만 한 분이 아니야. 하나님이 만들어놓은 차선을 벗어나면 확실하게 손을 보시지. 우리는 그 뜨거운 맛을 확인하지 못해서 거짓말이나 나쁜 짓을 자꾸 하는 거고.

불교의 가르침도 다르지 않아. 나는 '인과응보'라는 말을 좋아해. 인과응보란 자기가 지은 죗값을 이생에서 다 치르지 못하면 다음 생까지 갖고 가야 하고, 다시 태어날 때 그 죗값(카르마, karma, 業)을 고스란히 갖고 와서 전부 다 갚아야 한다는 뜻이야. 그러니까 우리가 지금 사는 모습은 전생에서 우리가 살았던 삶에 대한 성적표라고 할 수 있지.

주변에서 보면 정말 착하고 좋은 사람인데 지지리 고생을 하며 사는 사람이 있잖아. 그런 사람을 보면 저렇게 착하고 좋은 사람이 왜 그리도 힘들게 사는지 궁금하지? 불교에서는 과거 생의

죗값을 치르는 것이라고 하지. 죗값이 얼마나 무서운 것인지를 알면 제아무리 배포가 큰 사람이라도 나쁜 짓을 못할 거야.

그런데 절에 다니면서 인과응보가 무섭다고 배워도 아무렇지 않게 나쁜 짓을 하는 사람이 있어. 뜨거운 맛을 몰라서 그럴까?

종교위원으로 활동할 때 나는 매주 2번 교도소에 갔어. 수요일은 재소자들이 특별 상담을 원해서, 금요일은 사형수를 상담하러 갔지. 그때 40대 젊은 사업가를 만났어. 그는 강남대로에서 이름만 대면 모두 아는 회사의 대표였는데 얼마 전 부도를 맞았다고 했어. 정치인, 사채업자, 권력자 들이 여럿 걸려든 요란한 사건이었지.

그가 교도소에 들어가기 전에 공범들은 손가락 발가락 다 걸고 뒤를 봐주겠다고 약속했대. 또 검사와 판사를 매수해서 출소를 위해 힘을 써주고, 남은 식구들을 돌봐주기로 약속도 했대.

밖에 있는 공범들이 내건 조건은 단 하나. 혼자 다 뒤집어쓰기.

그 약속을 얼마나 굳건히 하고 들어왔겠어. 그런데 밖에서 아무리 굳세게 약속을 해도 교도소에 들어오면 산산이 깨져. 다 뒤집어쓰기로 약속하고 2개월째 옥살이를 하고 있던 젊은 대표의 마음이 슬슬 동요하기 시작했어.

젊은 대표는 검찰청에 불려 다니면서 많이 시달렸는지 몹시 힘들어했어. 지칠 대로 지친 표정으로 그가 고해성사처럼 내게 말했어.

"선생님, 죄송합니다. 저는 지금 엄청난 죄를 짓고 있습니다. 구치소에 들어오기 전에 저 혼자 다 뒤집어쓰기로 약속을 했는데, 그 약속을 지키지 못하고 모든 걸 검찰에 털어놓고 있습니다. 그 내용을 조사 받느라 계속 불려 다니고 있습니다."

검사들만 땡잡은 거지. 검사들은 밖으로 다니면서 사건을 해결하는 게 아니라 얽히고설킨 어리석은 약속을 깨는 과정에서 단서를 주워내.

그의 고백을 들으면서 나는 처음에 '약속을 했으면 지키고 너 혼자 몽땅 죗값 치르지 왜 그랬어!'라고 말하고 싶었어. 그런데 그의 이야기를 다 듣고 나니 차마 그렇게 말할 수 없었지.

"막 들어왔을 때는 번갈아 찾아와서 위로해주고 다독거려주어서 평안했습니다. 금방 나가겠구나 했는데 두 달이 지나면서 찾아오는 놈도 없고 들어오기 전 통장에 있던 40억이 순식간에 사라졌어요. 이젠 밤마다 배신감에 잠을 못 자고 있습니다. 나만 죽는구나, 내 식구들만 죽는구나. 그래서 다 불어버렸습니다. 그 조사를 받느라고 매일 검찰청에 갑니다."

그날 구치소를 나오면서 강남 어느 한구석이 지금 불타고 있구나, 하는 생각이 들었어. 줄줄이 엮여서 이곳으로 들어오겠지.

죄는 영원히 숨을 곳이 없어. 단지 시기의 문제일 뿐이지.

이 경우처럼 손가락 걸고 약속한 '동지들'이 서로 배신을 해서 죄가 드러나는 경우도 있고, 어떤 우연한 계기로 드러나는 경우도 있어. 어쨌든 죄는 반드시 드러나게 되어 있어. 그게 하늘의 이치지.

우리 속담에 "손바닥으로 하늘을 가릴 수 없다"는 말이 있지. 우리 조상들이 살면서 몸으로 체득한 진리인 거지.

죽을 죄를
졌으면
죽어야지

　인사동 길 초입에 가면 '머시 걱정이여'라는 레스토랑이 있어. 며칠 전 나는 상담을 신청한 사람을 만나러 그 레스토랑에 갔어.
　일산 상담실까지 오기가 힘든 사람들의 경우, 상담이 끝나고 집으로 돌아가기 좋은 지점까지 내가 직접 나가. 그런 이유로 그곳을 많이 이용하지.
　한 남자가 전화를 했는데, 금방 죽을 것처럼 애원하는 남자의 음성이 불길했어. 그래서 30분 전에 미리 나가 마음을 다잡고 있었지. 약속시간이 넘어도 남자는 나타나지 않았어. 더 불길했지. 알고 보니 그 남자는 이미 한 시간 전에 와서 구석진 자리에 앉아 있었던 거야.

나에게 상담을 청하는 사람은 90%가 여자야. 남자가 오는 경우는 10%에 불과하지만 그 10%가 나를 훨씬 더 긴장하게 해. 이 남자들은 여자들보다 훨씬 마음이 약하고 누군가가 부축해주지 않으면 금방 쓰러져버릴 만큼 지친 상태에서 오거든.

남자는 노숙자로 보였어. 모자를 깊숙하게 뒤집어쓰고 고개를 들지 못하더라고. 불안한 눈빛으로 죄인처럼 내 앞에 앉아 있는 거야. 누군가에게 쫓기는 듯이 보였어.

나는 불안하고 불길해서 모자를 벗어보라고 했어(내가 이렇게 용감하게 말할 수 있는 것은 교도소에서 배운 용기 덕분이야). 내 예상과 달리 남자는 아주 부드럽고 고왔어.

나는 상담을 할 때 다른 생각은 안 해. 오직 내가 무엇을 도와줄 것인가? 그 생각에만 몰입해. 지금 누군가의 도움이 필요해서 왔을 텐데, 생김새나 옷차림, 행동을 갖고 선입견을 갖게 되면 상담이 제대로 될 수 없거든.

그가 어렵게 첫마디를 꺼냈어.

"선생님, 저는 죽어야 할 거 같습니다."

그 한마디를 하고는 한동안 고개를 숙인 채 아무 말도 하지 않았어. 나는 조용히 눈을 감고 그가 다시 말을 할 때까지 고해성사를 받는 신부님 마음으로 기다리고 있었어. 무슨 연유에서인지 몰라도 그 남자가 너무 안쓰럽더라고.

그가 고개를 겨우 들었어. 고개를 숙인 채 눈물을 삼키고 있었는지 두 눈이 충혈되어 있고 찻잔을 든 손이 떨리는 것 같았어.

나는 상담자에게 이야기한다고 생각하지 말고 어머니나 누나 앞에서 얘기하듯이 편안하게 말하라고 말했어.

"순서 맞춰 논리적으로 이야기하려고 애쓰지도 말고 나오는 대로 하세요. 내가 다 알아서 듣고 편집은 내가 합니다."

그는 또다시 어렵게 말문을 열었어.

"선생님이 쓰신 책 《인생 9단》을 읽고 왔습니다. 작정하고 이렇게 오기까지 6개월이나 걸렸습니다. 저는 57세이고 공학박사이자 교수입니다. 아들이 둘 있고 남편만 바라보고 사는 아내가 있습니다. 5년 전 아내 모르게 조교와 연애를 시작했습니다. 3년쯤 지나서 이젠 더 이상 가면 안 되겠다 싶어 헤어지자고 했습니다. 그런데 조교는 청춘이 선생님 때문에 다 가버렸는데 이제 와서 나는 어쩌란 말이냐며 싫다고 했습니다. 자기는 죽을 때까지 나하고 함께 살 거라면서요.

그 이후 그녀는 변하기 시작했습니다. 걷잡을 수가 없었습니다. 우선 조교를 달래서 헤어져야겠다고 판단해 1년간 교환교수로 나가야 한다고 말하고는 집을 나왔습니다. 그리고 그녀와 동거를 시작했습니다. 이제 1년이 다 되어갑니다. 그녀는 저를 감금해놓고 휴대전화도 빼앗아버렸습니다. 24시간 내내 감시하고 있습니다. 그녀의 사랑은 증오가 되어 활화산처럼 타오르고 있습니다. 하루하루가 지옥보다 더 고통스럽습니다. 여차하면 우리 집에 전화해서 폭로해버리겠다고 협박합니다. 집에 전화해서 다 알리겠다는 말이 가장 무섭습니다."

어쩌다 한순간에 잘못되어버린 한 남자의 사랑 이야기. 3년 동안 몰래 숨어서 사랑하고, 사랑의 기쁨보다 10배나 더 큰 고통의 터널에 갇혀 모든 것이 망가져버린 남자.

나는 1시간 30분 동안 듣고만 있었어. 내가 들은 이야기를 속으로 편집하면서. 그리고 내가 말했지.

"당신 죽어야것구만. 방법이 없네. 내가 죽는 방법을 가르쳐줄 테니 한번 해볼 테요? 집으로 들어가세요. 그리고 두 아들과 아내에게 5년 동안에 제자하고 있었던 일을 시작부터 하나도 보태거나 빼지 말고 고해성사하세요. 티베트에 가면 신 앞에 나를 완전히 드리는 '오체투지(伍體投地)'라는 기도가 있습니다. 온몸을 땅바닥에 던지고 하는 기도입니다.

아들들아, 아버지를 용서해라. 너희들이 아버지를 용서할 수 없다면 나는 더 이상 살아야 할 이유가 없다.

여보, 당신이 부족해서도 아니고 불만이 있어서도 아니면서 나는 이렇게 큰 죄를 당신에게 지었소. 당신이 용서해준다면 남은 세월 동안 내 뼈가 아프도록 당신 앞에 속죄하면서 살겠소.

돈으로 다 보상은 안 되겠지만, 식구들과 의논해서 조금 많이 제자에게 보상을 해주세요. 아름다웠던 3년간의 사랑을 증오로 바꿔버린 죄는 내가 다 지고 가겠다고 제자에게도 진심으로 용서를 비세요."

나는 상담을 정리하면서 마지막으로 당부했어. 첫째, 백기를 들고 투항하러 들어가는 사람이 살아서 나오리라는 계산은 애초부터 하지 말라. 둘째, 그 자리가 당신의 인생에서 끝이라고 생각하고 거기서 죽어라.

이렇게 마무리를 하고 헤어졌어. 그리고 석 달 후 문자메시지가 왔어.

'선생님, 저 지금 살아 있습니다. 고마웠습니다. 그리고 사랑합니다.'

그 남자는 죽을 각오를 하고 진실한 고해성사를 했을 거야. 도저히 풀리지 않을 것 같은 문제에 직면했을 때, 가장 간단하고 쉬운 방법은 솔직해지는 거야.

용서는 감동으로 받아내는 것. 감동은 진실할 때 일어나는 반응이야.

거저 얻어지는
것은 없다

　오후 2시, 정신교육 강의를 끝내고 나오니 교도관이 나를 붙잡아. 특별 상담을 하고 싶다는 젊은이가 있으니 한번 만나봐 달라는 거야.
　강의를 끝내고 나면 정말 피곤해. 원고 쓰는 일도 힘든 데다, '도둑놈'들에게 강의 잘못했다가 맞아 죽을 일 생기면 안 되니까 원고 순서 놓치지 않으려 신경 쓰고, 오고 가는 길 교통 체증 때문에 지치고. 하지만 꼭 만나야겠다는 사람이 있다고 하니 지친 것은 내 사정이요, 만나줘야 할 일이지.
　젊은이는 나를 만나자마자 "집사님, 저 예수 믿고 싶습니다."라고 말해. 스물아홉 나이에 3대 독자. 사기죄로만 다섯 번을 교도소에 들락거렸으니 교도소에서 거의 살다시피 한 셈이지.

"아서라. 예수 믿으면 얼마나 힘든 줄 아니? 나를 봐라. 오늘같이 좋은 날 친구들은 죄다 설악산으로 놀러갔는데 나는 강의 때문에 못 가고 여기 와 있잖니. 너는 왜 예수를 믿고 싶은데?"

"……."

"이놈아, 예수 믿겠다고 작정하면 그 순간부터 힘든 길을 가야 해. 예수님이 가셨던 그 길 말이다. 전과사기는 이제 끝내야 하고, 사람들에게 해를 끼치는 폭력도 절도도 하면 안 되고, 남들이 싫어하는 변기통 옆에서 자겠다고 자진해야 하고, 옆 친구가 영치금 없으면 네 것을 나눠줘야 하고, 모포도 양말도 내의도 나눠야 하고. 그뿐이냐. 교도관에게 대들지 말아야 하고, 출소하면 너를 서운하게 한 사람에게 보복할 생각 같은 건 말아야 하고, 무얼 하든 네가 벌어서 네 힘으로 살아야 한다. 이제부터는 부모님께 불효도 끝내야 하고…… 말 들어보니 예수 믿을 맘 안 들지? 잘 생각해봐. 그래도 '예수 믿고 삽니다.' 그런 각오가 서면 다음 달 강의 올 때 다시 만나자. 예수를 믿어야 할지 말아야 할지, 한 번 기도해봐라."

우리는 그렇게 헤어졌어. 그리고 한 달 뒤, 젊은이는 다시 나를 만나고 싶다고 했어. 그동안 결심이 더 굳어졌는지 각오가 단단해 보였어.

"그럼 한번 믿어봐라. '힘들고 괴로워도 나 이젠 주님처럼 살

겠습니다. 다시는 범죄의 소굴로 돌아가지 않겠습니다…….' 이렇게 마음을 단단히 내. 교도소 문이 열리고 출소하는 날이 오듯이 주님이 너를 홀로 오래 두지 않으실 거다. 그것이 예수와의 만남이다. 그렇게 예수님을 만나면 너도 알 수 없는 변화를 느끼게 된다. 바로 생활의 변화 말이다."

그 후 많은 세월이 흘렀어. 그 젊은이는 출소해서 마침내 교회 장로 후보까지 올랐어. 교회 구조를 모르는 사람들은 잘 모르겠지만, 출소자가 교회 장로까지 오른다는 것은 기적 같은 일이야. 반신반의, 그 젊은이가 어디까지 해낼 수 있을까 내심 걱정스러웠던 나는 그 소식을 한참 후에 들었어.

'너는 지금 하나님의 레이더에 걸렸구나.'

마음이 기쁘고 흐뭇했지. 희망이 보이지 않는 곳에서 만난 사람들. 그들에게서 삶의 경이로움을 배우는 그 기쁨은 아무도 모를 거야.

어려운 처지에서 예수를 믿고자 하는 사람들은 하나님께서 모든 것을 해주실 것이라고 절규하듯 매달려. 오직 그 희망밖에 없으니까. 전도를 하는 사람들은 한술 더 떠. 구하는 대로 된다고…….

구한다고 다 이루어지면 이미 지구는 천국이 되어 있어야겠지. 구하는 것은 '열심히 살고자 노력하는 것'이 되어야 해. 무엇을 얻기 위한 믿음으로는 아무것도 얻어낼 수 없어. 예수는 뿌린 대로 추수하리라고 했어. 부처는 모든 것이 인과응보라고 했지. 어느 것 하나 그냥 얻어지는 것이 없어.

종교는 복을 주는 것이 아니라 복 받는 법을 가르쳐주는 것이지. 세상 어디에도 기적은 없어.

남보다
조금 앞섰다고
뽐내지 마라

누가 봐도 '아름다운 가정'이라고 표현해도 무색하지 않은 노부부가 있었어. 내가 그분들을 알고 지낸 지가 36년이나 되었지. 남편은 평생 법무부에서 공직자로 일하다 정년퇴직한 분이야. 법무부에서 추천한 '모범 가족'으로 뽑힌 적도 있어.

남편은 교회에서 존경 받는 장로님이었고, 부인은 권사님이면서 수필가였지. 어느 것 하나 부족함 없이 살면서 남에게 베푸는 것도 잊지 않고 살아가셨어. 만나면 항상 평안하고 좋은 소식을 들을 수 있어 그분들을 알고 지내는 것이 내 복이라고 생각했지.

노부부에게는 아들만 셋이 있는데 모두들 명문 대학을 졸업했어. 한 아들은 강남대로에 있는 큰 병원의 원장이야. 다른 두 아

들도 남들이 부러워할 만한 직업을 갖고 있지.

그런데 2년 전에 그 댁에 변고가 생겼어. 저녁 6시쯤 부인이 약을 사 온다며 약국에 갔는데 2시간이 넘도록 돌아오질 않았대. 남편은 슬슬 걱정이 되기 시작해 아들에게 전화를 걸었어. 아들이 병원 문을 닫고 10시쯤 아버지 집을 방문했대. 그때까지 부인은 돌아오지 않았어. 가족들은 파출소에 실종신고를 했고 밤새 뜬눈으로 새웠대. 새벽 5시쯤 경찰관이 부인을 모시고 왔는데, 이런 낭패가 어디 있을까. 사모님이 식구들을 아무도 못 알아보았대. 병명은 급성 치매.

그때부터 이 가족에게 쓰나미처럼 불행이 닥치기 시작했어. 가족회의를 열어 어머니는 병원에서 모시기로 했대. 남편은 정신없이 두 달을 보내다 보니 정작 지병인 당뇨 관리를 할 형편이 못 되었지. 결국은 상태가 나빠져 남편도 당뇨전문 병원에 입원을 하셨어. 소식을 듣고 병문안을 가보니 이미 치매에 걸린 부인보다 병이 더 깊었어. 얼마 후 두 발을 절단하고 심장 수술까지 하셨어.

그분이 돌아가시기 전에 나는 전복죽을 쑤어 병원으로 갔어. 장로님은 조용히 울고만 계셨어.

그리고 4일 후 휴대전화에 문자가 도착했어. '아버지가 돌아가셨습니다.'

그리고 2달 후 또 휴대전화에 문자가 왔어. '어머님이 소천하

셨습니다.'

그렇게 멀쩡하던 한 가족이 2년 사이에 모래성 무너지듯 지상에서 사라져버렸어. 허망하고 또 허망했어.

그러고 보면 지금 아들딸들 사랑 받고 잘살고 있다고 뽐낼 일이 아니야. 반대로 외롭고 힘들다고 절망할 일도 아니야.

우리 인간의 계산법은 언제나 불확실해. 세상살이는 계산하는 대로 살아지지 않아. 어떻게 사는 것이 잘사는 것이냐고?

지구에 사는 65억 명이 전부 다르듯이 365일 어느 하루도 같은 날은 없어. 우리가 예상할 수 없는 일들이 매일 일어나지. 그러니 항상 겸허한 마음으로 살아야 하는 거야. 고통과 아픔도 영원하지 않고, 행복과 즐거움도 영원하지 않아.

지금 힘들다고 절망하지 말자. 우리를 죽음으로 몰고 가는 것은 병든 육체가 아니라 절망이야. 좋은 날이 올 거라는 희망을 갖고 지금 이 순간에 충실하면 되는 거야.

휴식8

잃어버려서 좋은 것

나이

    세월 이기는 장사 없다는 말 알지? 아무리 건강 관리, 몸매 관리를 잘해도 주름이 생기고 눈도 나빠지고 머리도 새고 기억력도 조금씩 떨어지잖아. 20대 때는 밤을 새워도 거뜬하던 체력이 30살이 넘어가면서 서서히 떨어지고 조금씩 아픈 데도 생기잖아.

    운동을 해야 하나, 보약을 한 첩 먹어야 하나, 이런저런 생각도 들기 마련이고. 특히 여자들은 결혼하고 애 낳고 살림하다가 문득 거울을 보면, 처녀 적 몸매는 온데간데없고 어느새 웬 아줌마가 떡하니 서 있잖아. 그럴 때 좀 우울해지기도 하지.

이러니 나이 먹는 걸 무슨 뱀 보듯이 하는 것도 이해 못할 일은 아니야. 요즘은 동안 열풍이다 해서 다들 마음 놓고 나이도 못 먹잖아. 나이가 많으나 적으나 또래보다 어려 보이려고 기를 쓰며 살지.
　아무리 나이 먹는 것이 싫어도 이놈의 세월은 뱀이나 도랑처럼 피해 가고 건너갈 수 있는 게 아니거든. 무조건 겪어야 하는 거야.
　아무도 피해 갈 수 없는데 10년만 젊었어도, 5년만 젊었어도, 하면서 세월 원망이나 하고 있어서야 되겠냐고. 내가 당신 행복하기를 바라는데, 그렇게 해서는 행복하고 멀어지기 쉽단 말이지.
　그래서 이번에는 나이 먹는 걸 가지고 이야기를 한번 풀어볼까 해. 나이 먹는 것도 괜찮다는 말을 하려고 한다고.
　젊은 게 좋은 점, 나이 먹는 게 안 좋은 점은 벌써 이야기했고, 이제 각각 나쁜 점하고 좋은 점만 찾으면 되는 거지?
　흔히 젊음이라고 하면 떠오르는 말이 꽃다운, 피 끓는, 이런 말이잖아. 이거 말고 하나가 더 있어. 방황이란 단어 말이야. 젊었을 때 방황하지 않은 사람 드물 거야. 꼭 한밤중에 길 없는 산 속을 헤매는 것처럼 뭐 하나 선명하게 정리되는 것도 없고 모두 다 혼란스럽기만 하잖아. 그러다가 나이 먹어 가면서 서서히 방황의 강도도 약해지고 혼란스럽기만 하던 인생이 조금씩 정리가 되지.
　자, 이쯤 되면 뭔가 생각이 날 법도 한데, 뭐 떠오르는 거 없어?

젊은 것이 안 좋은 점과 나이 들어서 좋은 점 말이야. 날이 갈수록 나빠지는 눈 대신 갖게 되는 거. 그렇지, 바로 마음의 눈이야. 이걸 지혜라고 해도 좋고, 분별력이라고 해도 좋아. 철이 있다, 없다 할 때 그 철이라고 해도 좋아. 한마디로 세상을 보는 눈이 밝아졌단 말이야.

젊을 때는 안개가 자욱이 낀 것처럼 당최 뭐가 뭔지 분간이 안 되던 것들이 점점 또렷해지는 거라. 그러니까 아무래도 감정적으로 흔들리는 일이 적어지지. 나무를 봐도 그렇잖아. 어린 나무들은 바람이 조금만 불어도 밑동까지 휘청휘청하는데 큰 나무들은 바람이 웬만큼 불어도 초연하게 서 있어.

사람도 마찬가지야. 젊을 때는 사소한 말 한마디, 행동 하나에 당장 세상이 없어질 것처럼 괴로워하지만 나이가 들어갈수록 이런 일이 줄어들거든.

나이 들고 보면 인생이란 놈이 그렇게 혼란스럽지만은 않다는 거야. 다른 좋은 점도 있지만 나는 이게 제일 좋아. 지혜가 생긴다는 거, 그리고 마음이 평온해진다는 거 말이야. 내 식대로 말하자면 인생의 공식을 터득하게 되는 거라. 이건 지식이 많아도 소용없는 문제거든. 반드시 그만한 경험을 쌓아야 하는 거란 말이지.

세상에 공짜가 없듯이 이것도 공짜로 되지는 않아. 그냥 가만히 있어도 나이는 먹지만 지혜는 그냥 쌓이는 게 아니거든. 흔히 젊은 놈들이 나이 많은 사람 욕할 때 '나이를 어디로 먹었냐.'고

하는데 그게 그냥 나온 소리가 아니야. 나잇값을 못하는 사람들이 있긴 있단 말이지. 이런 사람들은 나이를 먹은 게 아니라 그냥 늙은 거야. '어른'이 아니고 그냥 '늙은이'란 거지. 나이가 들수록 쌓이는 경험과 지식을 잘 버무려서 소화를 해야 자꾸 성숙해지는데, 그걸 못했으니까 고집불통에다가 욕심만 많은 늙은이가 돼 버리는 거라.

이제 '나이 먹는 것도 괜찮아.'라는 말의 진짜 뜻을 알겠지? 그냥 나이 먹는 게 괜찮은 게 아니라 '나이 먹는 것도 괜찮을 만큼 잘 살아야 한다.'는 뜻이란 말이지.

또 하나 나이 먹어서 좋은 건 옛날에 뿌렸던 씨앗을 추수하는 재미가 있다는 거야. 내 나이가 인생에서 가을쯤 되는 것 같아. 보기에 따라서는 늦가을일 수도 있지만 어쨌든 추수의 계절이잖아.

근데 나이 60이 넘어서도 안개 속을 헤매듯이 살아야 한다면 흉하지 않을까. 젊을 때는 기운이라도 넘쳐서 여기저기 헤집고 다녔지만 이제는 그것도 안 된다는 거. 언제든지 젊은 것들한테 '나이만 먹은 늙은이'라는 욕을 들을 각오를 하고 있을 것.

지혜는 나이 먹는 데 꼭 필요한 필수품이야. 이 필수품을 챙겨야 젊은 사람들이 훗날의 당신을 볼 때 '아! 저분처럼 늙고 싶다.' 이런 말이 나오게 되는 거라고. 이 말을 풀어보면 초등학교 때 '장래 희망'을 적듯이, 나이 먹음에 있어서는 '당신이 장래 희망'이 되는 거란 말이지.

이왕 나이 먹는 거 자신을 위해서나 젊은 사람들을 위해서나 희망으로 늙어가는 모습을 보여주는 게 좋지 않겠냐고.

휴식9

찾아서 잘된 것

감사

나는 30년간 교도소에서 수많은 재소자와 사형수를 상담하면서 몸으로 감사의 힘을 체험했어.

집행장으로 향하는 사형수의 마지막 모습은 두 종류야. 죽음을 받아들이고 과거에 대한 용서를 구하며 감사하는 마음으로 가는 사람. 그리고 끝내 세상에 대한 미련을 버리지 못하고 끌려가듯 가는 사람. 나는 그들의 뒷모습에서 천당과 지옥을 보았지.

세상 사람들의 증오를 한 몸에 받은 죄인이지만 감사하는 마음으로 집행장 참관인들에게 감동을 주고 떠난 박철웅을 나는 기억해. 1981년, 그러니까 벌써 30년 전 일이야.

나는 그를 2년 6개월간 서울구치소에서 상담했어. 한 사람을 바르게 일으켜 세운다는 것은 하늘에서 별을 따는 것만큼 어렵고 힘든 일이야. 사형수인 박철웅은 구치소 안에서 동료 재소자들을 회개하게 하고 변화시키면서 그 자신도 감사하는 마음으로 살고 있었어. 그런 그의 모습을 지켜보면서 도리어 내가 죄인이 된 심정이었지.

어느 날 "하나님께서 은총을 내려 사형을 면해주면 어떻게 하겠느냐?"고 물어본 적이 있어. 그는 담담하게 대답했지.

"세상에 더는 미련 없습니다. 저만큼 세상 쾌락을 누려본 사람은 없을 겁니다. 철없던 때는 그보다 더한 행복이 없는 줄 알았지요. 구치소에 들어와서야 알게 됐습니다. 내가 누렸던 쾌락이 나를 죽음의 길로 몰고 갔다는 것을요. 이제 죽음 앞에서 하나님을 만났고 감사함을 깨달았습니다. 세상 쾌락과 지금의 감사함을 어찌 비교할 수가 있겠습니까."

서울구치소에는 별의별 사람들이 다 들어와. 어떤 사연을 가지고 왔건 나갈 때 감사를 배우고 나가는 사람이 있고, 재수가 없어서 걸렸다며 불만을 안고 나가는 사람도 있어. 불만은 병이야. 그런 사람들은 병을 하나 갖고 나가는 거지. 감사를 배우고 나간 사람은 절대 다시 교도소에 들어오지 않아.

나는 본디 마음씨가 썩 고운 사람이 아니지만, 사형수가 떠나면서 남겨준 감사의 힘을 배울 수 있었어. 그리고 '나'라는 사람이 변했지.

　진정한 감사는 가진 것이 없어도 느낄 수 있는 거야. 그 믿음 속에 살아왔기에 나는 항상 감사할 것이 많아. 19년 된 고물차가 시동이 걸릴 때, 예금계좌에서 필요한 돈을 인출할 때, 좁은 수납공간에 내 물건들이 질서정연하게 자리 잡고 있는 모습을 볼 때…. 이처럼 일상에서 작은 감사를 마주할 때마다 세상이 얼마나 아름다운지 느껴.

　감사함을 배운 사람은 세상을 보는 눈이 달라져. 세상에 기뻐할 일이 너무나 많은 거라. 그러니 어찌 행복하지 않을 수가 있겠어. 행복의 원동력은 돈이나 건강이 아니라 바로 감사의 힘이야.

5장

마무리가 깔끔하면 머물다간 자리도 아름다워

작은 행복이 소중하다

30년 동안 교도소만 다니다 내 청춘이 다 갔어. 어느새 칠십이 넘었지. 이 나이에 갈 곳이란 노인정밖에 없더라고.

나는 아직 강의나 상담을 하고 있기는 해. 그래도 예전처럼 날마다 일을 하는 건 아니라 남는 시간을 어떻게 쓸까 고민해야 했어.

어느 날 내가 사는 오피스텔 관리소장이 나에게 통장을 해보지 않겠냐고 물어. 전에 통장 일을 하시던 분이 다른 곳으로 이사를 갔는데, 후임자를 찾지 못해서 전임 통장이 아직도 그 일을 대신해주고 있다는 거야.

"선생님이 맡아주시죠."

관리소장이 간곡하게 부탁을 하더라고. 가만히 생각해보니 이 오피스텔을 분양 받고 나서부터 쭉 상담실로 써온 터라 애착이 많이 가는 건물이더라고. 관리소장의 말을 듣고, 며칠을 고민했어.

이제 마지막 봉사를 이 건물에서 할 수도 있겠구나 생각을 하니 마음이 흥분되기 시작했어. 결국 장항2동장을 찾아가 우리 오피스텔 통장을 내가 하겠다고 당당하게 말했지.

그랬더니 이력서를 써 오래. 이력서 하단에 수상 경력을 기록하는 난이 유난히 크게 있었어. 나는 상복이 있어서 그동안 상을 많이 탔어. 그런데 상장을 오래 전에 전부 쓰레기통에 버려서 하나도 남아 있는 게 없었어.

어쩔 수 없이 서울구치소로 연락해서 몇 가지 큰 상만 사실 확인을 해달라고 부탁했어. 때마침 서울구치소에서 근무하는 교무과장이 계장 때부터 나하고 함께 일했던 분이라 쉽게 확인을 해주었지.

그분이 서류를 주면서 "상장은 다 어떻게 하셨어요?", "자기가 무슨 상을 탄 줄도 모르세요?", "어디에 쓸려고 그러시는데요?" 하면서 꼬치꼬치 캐물어. 나는 통장 이력서에 쓸려고 한다는 말을 차마 하지 못했어.

그러고 보니 옛날 일이 생각나네. 걸프전이 한창일 때 미국에 가야 하는 일이 있었어. 미국 비자 받기가 쉽지 않은 상황이었지. 여행사 직원이 전화를 해서 비자 받는 데 도움이 될 것 같다며 국가에서 주는 상을 받은 게 혹 있냐고 묻더라고. 그때 이미 상을 다 버린 뒤였지. 그래서 상은 탔는데 뭘 탔는지 모르겠다, 비자를 못 받아도 되니 수상 경력은 없는 것으로 하고 알아서 진행하라고 대답했어.

내가 상을 버리는 데는 이유가 있어. 우선은 내 성격에 거실에 상을 쭉 진열할 리는 없고, 결국 아이들 침대밑 서랍에 넣어두었지. 그런데 가만히 보니 아이들이 수시로 쓸 물건으로 채워져야 할 서랍이 전혀 그 역할을 못하고 있는 거야.

두 번째는 나 자신이 제아무리 쿨하게 상장의 의미를 밀어내 버려도 은연중에 상장은 나를 '오만' 병에 걸리게 할 수 있어. 이렇게 저렇게 생각을 해봐도 상장이 나에게는 아무런 도움이 되지 않았어. 상장에서 매일 돈이 떨어지는 것도 아니고 그냥 깨끗하게 버리기로 했지.

한번은 교도소 선교회원 몇 명과 목사님을 모시고 청주교도소 위문을 갔다 오다 경부고속도로에서 속도위반으로 교통경찰에게 딱 걸렸어. 목사님과 총무인 나는 해결사로 차에서 내려 교통경찰관에게 갔지.

목사님은 대단한 일을 하고 온 사람처럼 "우리 청주교도소 위문 갔다 오는 길인데… 좀 봐주시지요." 하면서 사정을 하시네.

젊은 경찰관들은 씁쓸한 표정으로 그래도 속도위반 딱지는 떼야 한다고 말했어. 요지부동인 경찰관에게 목사님이 나를 가리키며 말씀하셨지.

"이분이 훌륭하신 분이요. 교정대상도 탔고 대통령상도 탔고…."

나는 확확 달아오르는 수치심에 그렇게 말하고 있는 목사님이 너무 미웠어.

"목사님, 차로 가세요. 제가 해결하고 가겠습니다."

"그래 양 집사가 잘하고 와."

잘하긴 뭘 잘해! 목사님이 차 안으로 들어가신 것을 보고 경찰관에게 말했지.

"딱지 떼세요. 내가 상을 탔건 교도소에서 좋은 일 하고 왔건 속도위반하고 무슨 상관이 있소. 목사님을 용서하시고, 큰상까지 탄 사람이 더 모범이 되어야 할 텐데 속도를 위반했으니 나 지금 창피하고 그놈의 상들이 원망스럽소. 빨리 딱지 떼요! 당신들 당당하게 자기 임무를 하세요."

이젠 상황이 바뀌었어. 경찰관이 그냥 가시라고 자꾸 나를 밀어내는 거야. 나는 자꾸 떼라고 대들고. 끝내 5,000원짜리 딱지 하나 들고 차로 가서 일행을 향해 말했어.

"경찰관이 그럽디다. 좋은 일 좀 한다고 속도위반 하고도 상 탔다고 봐달라고 하는데, 천당도 그렇게 통과가 되는 것이냐고 묻습디다. 앞으로 그런 생각 싹 버리라고 5,000원만 내라고 합니다."

그날 나는 집으로 돌아와 혹시 남아 있는 상이 있는지 둘러보고 깨끗이 버렸어. 미련 없이. 그것은 상이 아니라 내 인생에 도리어 독이었어.

통장 이력서를 쓰면서 나는 혹시 떨어질까 봐 떨고 있었어. 일산에서 의왕시까지 전철 두 번 갈아타고 왕복 6시간을 단숨에 달려가서 상장 몇 개만 재발급 받아 와서 제출했어.

그러고 나서 두 달쯤 후에 통장 임명장을 받았어. 통장 임명장을 들고 나오면서 내 인생에서 찾은 마지막 봉사의 길이라 생각하고 교도소 봉사에 올인했던 그 마음으로 통장 업무에 나를 바치겠다 다짐했지.

나는 임명장을 받은 그 순간부터 그동안 내가 살아온 이력이나 흔적은 상장을 버리듯 모조리 지우기로 했어. 이제 나는 일산 장항2동 민원센터에 소속된 28통 통장 양순자다! 내 인생에 두 번째 마이웨이가 시작되는 순간이었지.

통장이 되고 얼마 지나지 않아 친구들하고 동해로 2박3일 여행을 떠났어. 속초에 있는 그림같이 예쁜 펜션에 짐을 풀고 있었어. 아직 짐도 다 안 풀었는데 '통장님들, 민방위훈련 수령증 갖고 가세요.'라는 문자메시지가 온 거야. 원자폭탄을 맞은 기분이었지.

'내일 일찍 출발해야 오후 늦게라도 주민센터에 도착할 수 있는데….'

모처럼 마음먹고, 그것도 칠십 번째 내 생일을 축하해주기 위해 함께 와준 고마운 친구들에게 먼저 가겠다고 말하면 얼마나 속상할 것인가? 상상만 해도 심장마비에 걸릴 지경이었지.

동해바다가 제아무리 좋아도, 친구들에게 죽을 만큼 미안해도 어쩔 수 없는 일. 나 먼저 집에 가야 된다고 어렵게 말을 꺼냈어. 말 한마디 잘못했다간 맞아 죽을 분위기였지. 친구들은 도대체 무슨 일이기에 여기까지 와서 그냥 가냐고, 문자를 보자고 난리가 났어.

내 평생 그렇게 미안해 본 일이 또 있었을까? 너무 미안해서 저녁부터 몸이 막 아프기 시작했어. 그 좋던 바다도 보기 싫고 그 비싼 회도 먹기 싫었어. '어떻게 미안한 마음을 냉정히 뿌리치고 갈 수 있을까?' 저녁 내내 그 궁리뿐이었지.

오죽했으면 밤새 주민센터로 날아가는 꿈을 꾸었을까. 자는 둥 마는 둥 밤을 보내고 동이 틀 무렵 자리에서 일어나 친구들에게 조심스럽게 말했어.

"나라가 부르니 나는 가야겠다."

이렇게 말하고 자리를 박차고 일어섰어. 친구들은 내가 교도소 종교위원을 하는 줄 알고 있었기 때문에 그날도 으레 교도소에 무슨 일이 생겼나 보다 생각했지.

"사형 집행했대?"

우리나라에서 사형 집행은 15년째 정지 상태야. 만약 사형 집행이 되면 종교위원들에게는 비상이야. 장례식 치르러 가야 하기 때문이지. 아무것도 모르는 순진한 친구들에게 그것 때문에 가는 것처럼 둘러댔지.

일산에 도착해서 허겁지겁 주민센터로 달려갔어.

"빨리 오셨네요."

아니, 빨리라니? 다른 사람들은 아직 안 왔다는 건가? 알고 보니 문자 받고 며칠 후에 가도 되는 일이었어. 전화나 한 번 해볼걸. 왜 그 생각을 미처 못했는지 민망해서 나 혼자만 알고 있기로 했어.

우리 오피스텔에 사는 사람들 중에 젊은 사람들이 99%야. 통장이 되고 나서 나는 우리 오피스텔은 다 내가 지켜줘야 한다는 의무감을 갖게 되었지. 그렇게 생각을 하니 관리소, 경비실, 전기실, 미화부, 상가 등 어느 것 하나 남이라는 생각이 안 들었어. 늦은 밤 젊은이가 술 먹고 비틀거리면 내 자식, 내 손자같이 느껴져 도와주고, 게시판에 홍보물 하나라도 삐뚤어져 있으면 바로잡게 되는 거야.

모든 상가가 장사가 다 잘돼서 부자 되라는 기도도 해. 또 우리 오피스텔에는 사법연수생들도 많은데 이들이 연수 끝내고 좋은 성적으로 판사, 검사 되라고 기도해.

　주민센터에서 나오는 홍보물을 정확하게 붙이고 알려주는 일도 허투루 하지 않았어. 민방위훈련, 비상 훈련 등 통지서가 나오면 혹시 못 받아서 불참할까 봐 한 사람에게 5번까지 방문을 할 때도 있었어. 구치소에서 민방위 통지서 못 받아 불참해서 30일을 옥살이 하는 젊은이를 본 적이 있어. 너무나 사연이 딱했지. 집에는 부인도 없고, 어린 아들만 둘이 있었는데 당사자가 새벽에 나가서 밤늦게 오니 통지서를 못 받은 거지. 막노동자의 임금에 준해서 30일을 살아야 한다는 거야. 결국 내 돈을 몽땅 털어 14만 원을 내주고 그 자리에서 그 사람이 풀려나가는 것을 보면서 '민방위가 무섭구나' 그때 알았어.

　그때 그 기억이 민방위 통지서 돌릴 때마다 나를 긴장하게 해. 한번은 밤 10시쯤 통지서를 주러 갔는데 누구냐고 묻지도 않고 문을 활짝 여는 거야. 근데 웬걸. 팬티만 입고 온몸에 문신을 한 친구가 "누구요?" 하는데 어느 누가 놀래지 않겠어. 나는 반사적으로 "너 이래도 되냐. 나는 통장이다"라고 말했어. 교도소에서 만들어진 용감함 덕분에 하나도 두렵거나 무섭게 느껴지지 않았어. 철없는 손자 놈이 '할머니 왜 왔어?'라고 말하는 것처럼 느껴졌지.

　어느 젊은 통장이 이런 장면을 쉽게 감당할 수 있겠어? 그러니 내가 통장으로 적격인 게지.

다음에 통장 할 사람이 나타나면 그땐 내 목이 달아나는 날이야. 제발 그런 날이 오지 않기를 바랄 뿐이야.

내 인생의
내신성적은
몇 점?

    제2의 천성인 습관이 굳어지면 바꾸기 어렵다고 했던 거 기억나? 그러니 타고난 천성은 얼마나 바꾸기 어렵겠어.
    왜 그런지 불교식으로 말하지 않고 내가 알고 있는 상식으로 말해보려고 해.
    사람은 죽고 또 태어나고 죽고 또 태어나며 셀 수도 없이 생을 반복한다고 해. 이게 불교에서 말하는 윤회야. 그런데 비록 몸은 계속 바뀌면서 태어나지만 나의 과거 행적은 꼬리표처럼 따라다녀. 이 꼬리표가 이생(이 세상)에서 천성이 되는 거야.
    학생이 다른 학교로 전학을 가도 자기 생활기록부를 갖고 가듯이 수억만 겁 윤회를 해도 내 인생의 기록을 담은 블랙박스는 계속 갖고 다니지. 쉽게 말하면 블랙박스는 각자의 내신성적표야. 나쁜 짓을 많이 했으면 나쁜 성적이, 좋은 일을 많이 했으면 좋은 성적표를 받는 거지.

한날한시에 태어난 쌍둥이가 얼굴은 닮았을지 모르지만 그들이 전생에서 각자 가져온 블랙박스는 달라. 타고난 천성이 다른 거지. 이 지구에 사는 65억 인구의 블랙박스가 각자 다르다는 말이야.

참고로 블랙박스에 어떤 내용이 들어 있는가는 그 사람의 행동과 언어를 보면 단박에 알 수 있어.

수억만 겁의 윤회를 하면서 내가 짊어지고 다니는 나만의 블랙박스를 불교에서는 업이라고 해. 절도해서 3년 형을 받았으면 3년 옥살이 해야 소멸이 되듯이 자기가 저지른 잘못은 어떤 방법으로든 그 업량을 치러야 한다는 거야. 이게 바로 인과응보야.

몸이 아픈 것도 복을 받는 것도 그 인과로 인한 결과인 거지. 여기서 오해하면 안 되는 게 있어. 현재 내 모습이 과거 업의 결과니까 부실한 성적표를 무조건 받아들이고 살라는 게 아니야. 인생 성적표가 나쁠수록 다음 생을 위해서 지금 좋은 일을, 그러니까 선업을 많이 쌓아야 해.

절대 죽을 때 빈손으로 안 가. 죽을 때 각자 살면서 편집한 블랙박스를 짊어지고 가며, 이 블랙박스는 영원히 소멸이 안 되고 따라다녀. 그러니 좋은 일을 해서 조금씩 블랙박스의 내용(내신성

적)을 바꿔주어야 해.

 아이들 학교 내신성적은 무서운 줄 알면서 내 인생의 내신성적은 얼마나 관리를 잘하고 있어? 아이들의 내신성적은 대학만 들어가면 끝나. 그러나 내 인생의 내신성적은 수억만 겁을 따라다닌다는 것을 명심했으면 해.

누구나
운명이 다하면
떠난다

생명을 가진 모든 것에는 정해진 수명이 있어. 인간의 수명은 100년을 넘기 힘들어. 솔직히 넘어봤자 인간으로서 의미가 별로 없지.

흔히 "인명은 재천이다. 하늘에서 부르면 가야 된다."라는 말을 많이 하지. 그런데 막상 하늘이 부르는데 안 가려고 하는 사람들이 있어.

세계적인 부호 록펠러는 99년을 잘 먹고 잘 살았으나 결국 위암 판정을 받았어. 그는 1년만 더 살게 해주는 사람이 있으면 그 사람에게 자신이 가진 재산의 반을 주겠다고 수백억을 뿌리면서 전 세계에 홍보했어. 그러나 끝내 99살에 죽었어.

중국 진시황은 700리 둘레로 아방궁을 지어놓고 삼천 궁녀들 속에서 향락을 즐겼어. 서울의 넓이가 400리 길이라니까 얼마나 큰 거야. 그런 진시황도 조금씩 조금씩 다가오는 죽음을 느끼면서 더 살기 위해 중국 전역을 샅샅이 뒤져 불로초를 구해 오라고 호령했지. 하지만 진시황은 59세에 죽었어.

이 사람들에게 돈이 없었겠어, 권력이 없었겠어? 죽음 앞에서는 돈이고 권력이고 아무런 의미가 없지.

인간은 죽음 앞에서 떨 수밖에 없어. 우리의 수명은 하늘밖에 모르기 때문이지. 하늘에서 부르면 가야 되는 거야. 하늘의 명령은 절대 거역하지 못해.

건강해야 오래 산다고 죽어라 운동해봤자 운명의 날이 오면 가야 돼. 그래서 나는 사람은 아파서 죽는 것이 아니라 운명이 다하면 간다고 말하지. 자동차도 수명이 있고 냉장고도 수명이 있어. 가전제품은 부속을 갈아 끼우면서 수명을 연장하지. 우리도 부속이 좋아지면서 예전 같으면 죽었어야 할 사람들이 여전히 살아 있어.

19년 된 차를 폐차시키러 폐차장에 갔는데 직원이 내 차를 보면서 새 차냐고 물어. 산 지 얼마 안 된 새 차 같다면서 관리를 어떻게 했는지 놀라. 그러다 보닛을 열어보더니 폐차장에 가야 할 이유를 알겠다는 표정을 짓더라. 아무리 겉으로 새 차 같아 보여도 내 차가 갈 곳은 폐차장인 거지.

내가 암 선고를 받고도 의젓할 수 있었던 것은 내 부속품이 이젠 다 됐나 보다 하고 인정했기 때문이야. 나도 대단히 건강한 사람으로 꼽혔어. 친구들이 "양순자가 제일 오래 살 거야."라고 말할 정도였지. 칠십 평생 동안 병원을 모르고 살았으니. 이래 뵈도 초등학교 때는 달리기 1등을 도맡아 했고, 고등학교 때는 교내 테니스 선수였어.

당신 친구들 중에 누가 먼저 죽을 거 같아? 아무도 몰라.

예전에 서울구치소에서 사형수 박○○을 상담하고 있을 때였어. 갑자기 사형수가 대구로 이감을 간다는 연락이 왔어. 보통 사형수는 무기로 감형되지 않는 한 이감을 보내지 않아. 그런데 서울구치소에 두 전직 대통령이 들어와서 비상이 걸려 어쩔 수 없다고 하더라고.

대구로 이감을 갔으니 박○○은 대구에서 종교위원을 새로 만나야 했어. 전국 교도소에 종교위원이 다 있거든. 그는 대구에서 아주 좋은 종교위원을 만났어.

내가 서울에서 5년 이상 박○○ 사형수를 상담했기 때문에 어머니가 자식 떠나보내듯이 대구에 가서 새로운 종교위원이 된 박 전도사를 만났어. 내 자식 부탁도 할 겸 인사차 만났지. 전에 여자 배구 국가대표를 해서인지 아주 건강해 보였어. 예쁘다기보다는 아주 잘생긴 얼굴이었지. 성격도 명랑하고 믿음도 좋아서

왠지 마음이 놓였어. 나는 속으로 '썩을 놈, 종교위원은 잘도 만나네.' 하고 생각했지.

고맙게도 박 전도사는 자주 전화로 박○○의 동정을 전해주었어. 그래서 박○○이 멀리 이감 간 것 같지가 않았어.

그런데 3개월째 전화가 없어. 내가 걸어도 통화가 안 되는 거라. 뭔가 불길했어. 기다리다가 너무 궁금해서 대구교도소로 전화를 했지. 그랬더니 박 전도사가 2주 전에 급성폐암으로 돌아가셨다는 거야.

'그놈이 먼저 죽어야지 왜 당신이 먼저 죽어?!'

하나님께 따져보려 했지만 하나님이 어떻게 대답하실지 나는 알고 있었어.

'그 사람은 시간 약속이 다 돼서 불렀다. 그리 알아라.'

언제 운명의 날이 올지 아무도 몰라. 사형수는 교도소 안에만 있는 것이 아니야. 밖에서 사는 우리도 사형수마냥 언제 집행날이 올 줄 모른 채 집행날을 기다리면서 살고 있는 거야. 오늘 죽을 수도 있고 내일 죽을 수도 있지. 교통사고나 예상 못한 사건 때문에 많은 사람들이 갑작스럽게 죽잖아.

내가 아는 공군 중령은 아침에 3살배기 딸과 뽀뽀하고 저녁에 보자며 현관에서 헤어졌어. 오후 3시에 부대에서 전화가 왔는데 동해안에 비행기가 추락했고 중령은 영안실에 도착했다는 비보를 전하더래.

그런데 다들 영원히 살 것처럼 무사태평이야. 사형수들은 안 그래. 그들은 매순간 극도의 긴장 상태에서 죽음을 의식하면서 하루하루를 보내고 있어. 이게 감옥 안의 사형수와 감옥 밖의 사형수가 다른 점이야.

나는 감옥 밖 사람인데, 오랜 세월을 사형수들하고 가까이 지내다 보니까 내 머릿속에 이런 말이 박혀 있어.

'나는 언제든 죽을 수 있다. 그러니 내 사전에 내일은 없다. 바로 지금이 언제나 전부다.'

이게 참 요상한데, 오늘을 어떻게 하면 후회 없이 살 것인가를 고민하게 되더라고. 후회할 일이 많으면 죽는 순간 얼마나 죽음을 탓하고 원망하게 될까 하는 생각이 따라오는 거야.

인간은 정말 하찮은 존재야. 숨을 들이쉬면 그때는 살고 있는 것이요, 들어갔던 숨이 다시 나오지 않으면 죽는 건데, 숨이 들어갔다 나오는 그 10초도 스스로 조절을 못하는 게 인간이야.

전지전능한 신이라도 숨이 멈춘 사람을 다시 되살려내는 일은 할 수 없어. 그러니까 모든 사람은 죽음을 받아들이면서 갈 수밖에 없는 거야. 이 진리를 믿는 사람은 겸허해져.

어쩌다 사형수란 이름으로 생을 마감해야 하는 사람일지라도 정말 죄를 후회하고 피해자들에게 준 고통을 가는 날까지 가슴 아파 한 사형수도 있어. 당연한 죗값으로 받아들이면서 가는 모습은 우리의 가슴을 뭉클하게 하지.

죽음.

그 누구도 거역할 수 없는 길이야. 운명처럼 죽음이 나를 찾아왔을 때 무심히 가는 모습은 참으로 아름다워.

어떤 얼굴로
작별할 것인가?

아이들은 몸과 마음의 크고 작은 병을 앓으면서 조금씩 성장해. 아픈 만큼 아이들이 성장하고 있는 것을 초보 엄마들은 잘 모르지.

아이들만 그런가? 어른도 마찬가지야. 아픔을 겪으면서 성장하지. 그런데 아픔을 겪으면서 거기서 무언가를 배우는 사람이 있는가 하면, 아무것도 배우지 못하고 아프다고 계속 징징거리기만 하는 사람도 있어.

친구 중에 아주 잘나가는 친구가 있어. 무엇이든 일등이야. 친구들은 그 친구를 오복을 다 갖춘 복 많은 사람이라고 불러.

얼마 전에 친구 여섯이 한자리에 모였는데, 그 친구 남편만 현역에서 일하고 있었어. 남편이 돈을 많이 버니까 좋은 동네, 좋은 집에서 살고 있었지.

어느 날 그 친구에게서 전화가 왔어.

"우리 남편 이번에 직장 그만뒀다."

넋두리를 늘어놓더라고. 친구들은 벌써 겪은 일을 그 친구는 그제야 겪으면서 세상이 무너진 듯 한숨을 쉬는 거야.

어느 날 또 그 친구가 다 죽어가는 목소리로 전화를 했어. 이번에는 자기가 후두암에 걸려 많이 아프대. 거기에 공황장애까지 찾아왔대. 남편은 그 일로 충격을 받아 쓰러졌다고 하더라고.

지구가 다 쓰러져도 까딱없을 것 같던 친구 집에 갑자기 폭풍우가 밀려오고 있었어.

"순자야, 나 좀 도와줘."

나는 야박하게 대답했어.

"너 혼자 일어나."

나는 칠십 평생을 아파 본 적이 없었으니 성장할 기회가 없었어. 그 친구도 마찬가지였지. 오복을 다 누리고 사니 세상에 겁날 것이 없었어. 그런데 나는 다행히 암이라는 터널을 두 번 벗어나면서 까칠했던 성격이 아주 원만해졌어. 스스로 아픔을 견뎌내야만 성장할 수 있다는 것을 경험으로 깨달은 거야. 그래서 친구가 서운해할지 알면서도 도움 요청을 거절했던 거고.

하루에 20구씩 5년 동안 2만 여 구의 시체를 돌봐온 상담자가 나를 찾아온 적이 있어. 시신에 옷 입혀 보내는 일을 하면서 체험했던 이야기를 들려주는데, 나는 그 이야기를 들으면서 깜짝 놀랐어. 숨을 거둔 시신의 모습은 다 평안할 것이라고 생각했는데 절대 그렇지 않다는 거야. 죽어서도 예쁜 얼굴이 있고 다 피지 못

하고 가는 얼굴이 있대. 성숙하지 못하고 죽은 시체는 모습이 다르대.

세월이 흘러 나이가 든다고 다 철이 드는 것은 아닌 것 같아.

나에게 공주 같은 친구가 하나 있어. 그 친구는 팔십을 향해 가면서도 왜 그리 공주 대접을 받으려고 하는지 사람들이 다 미워해. 20년을 친구처럼 지냈는데 그때나 지금이나 하나도 달라진 것이 없어. 그 친구를 보면 '아~ 나이 든다고 그냥 어른이 되는 것은 아니구나.'라는 생각이 들어. 나이 먹어서 나잇값 못하는 것처럼 추한 것은 없어.

이것이 삶의 원리. 인간은 아픔을 겪으면서 성장하는 거야.

내가 잠깐 입원했던 암병동에는 많은 암환자가 있었는데 성장의 터널을 지나는 모양새가 다 달랐어. 긍정적으로 암을 안고 가는 사람, 의사와 병원을 잘못 선택했다며 골이 나 있는 사람.

이들은 얼굴 색깔부터가 달라. 그러고 보면 아프고 난 뒤 모두다 성장하는 것도 아닌 것 같아. 아프고 나서도 성장하기는커녕 신세 탓, 환경 탓만 하는 사람도 있지.

선택은 각자의 몫이야.

내 비문에
새겨놓고 싶은 말

이 세상 떠나는 순간 내 인생을 한 줄로 요약해서 비문에 쓰라면 어떤 말을 남기고 싶은가?

우리나라는 묘지가 깊은 산속에 있어서 사람들이 쉽게 갈 수가 없어. 그런데 유럽에 가서 보니 공동묘지가 마을 안에 있는 거야. 무섭기는커녕 오히려 친근했지. 죽은 사람도 살아 있는 사람들과 함께 계속 살아가는 것처럼 느껴졌어.

특히 조그만 묘비에 새겨진 짧은 글을 읽는 재미가 아주 좋았어. 그 사람을 본 적은 없지만 그가 남긴 짧은 한 줄의 글 속에서 그 사람이 어떤 사람인지가 보였거든. 가버린 사람이 남긴 말이기에 더 힘이 되었고 큰 교훈으로 다가오기도 했지.

우리나라에 한때 유서 쓰기가 유행한 적이 있었어. 긴 유서가 부담스러워 포기했다면 두 줄도 아니고 한 줄로 비문을 써보는 것도 괜찮은 방법이야. 내 인생 전부를 압축기에 넣고 엑기스를 짜내듯 비문에 새길 한 줄의 글을 써봐. 그것을 매일 읽어본다면 삶의 이정표가 되어 그곳을 향해서 열심히 살아가게 되지 않을까. 목적 없이 가는 삶은 힘이 없어.

한번은 지하철을 타고 정발산역에서 오금역까지 목적 없이 3시간을 왔다 갔다 한 적이 있어. 아무 목적 없이 3시간 동안 지하철에 앉아 있으려니 무료하고 재미도 없고 의미도 없는 거라. 그렇듯이 발길 닿는 대로 정처 없이 살아가는 사람의 어깨에는 힘이 쭉 빠져 있어.

나는 어떤 사람이고 싶은가, 무엇이 되고 싶은가? 내가 떠난 후에도 꼭 남겨두고 싶은 말을 지금 정리해봐. 그 말은 나를 그렇게 살게 하는 희망이 돼.

50대 초반의 학처럼 곱고 우아한 여인을 상담한 적이 있어. 한남동 고급 주택에서 아들 둘, 남편과 살고 있다고 했지. 아들 하나는 군대 가고 하나는 유학 가 있고 남편은 해외 출장이 잦아 집을 비울 때가 많다고 해. 지금까지 아들 둘 키우면서 남편의 보호 속에서 공주처럼 살았대. 남편은 아내를 집에 가둬놓고는 이 세상에서 좋은 것은 다 사다 바쳤다더라.

그동안 이 여인은 남편의 사랑을 받으며 행복하게 지냈대. 그런데 문득 자신의 인생을 돌아보니 애완견 신세와 다를 것이 없다는 생각이 들더래. 주인(남편)이 올 때까지 외롭고 쓸쓸하게 집을 지키는 애완견 말이야.

그러다 남편이 외도를 했다는 사실을 알게 되었어. 남편에게 자기 말고 또 다른 여자가 있다는 사실을 견딜 수가 없어 쓰러지고 말았어. 그날부터 남편의 위치와 스케줄을 확인하는 일이 여인의 일과가 되어버렸어. 남는 시간이면 병원에 가서 영양주사나 진정제를 맞으며 피를 말리는 삶을 살고 있었지.

나는 그 여인에게 직설적으로 물었어.

"이혼하고 싶습니까?"

여인은 아직 이혼할 마음의 준비는 안 되었다고 했어.

"그럼 살아야겠구먼."

이혼을 할 때 하더라도 그때까지 여인이 버티고 일어설 수 있는 거리를 만들라고 조언했어. 그러면서 유치하게 남편 일거수일투족 체크하고 따지고 싸우는 일은 집어치울 것을 권했지.

나는 단도직입적으로 물었어.

"당신이 지금 죽는다면 당신의 비문에 무엇이라고 써주면 좋겠습니까? 아들 둘 키우면서 행복했고 남편 사랑만 받다가 공주처럼 살다가 나는 간다. 이렇게 써주면 좋을까요?"

그러자 여인은 입가에 미소를 띠며 자신의 소원을 이야기했어.

"결혼 전 저는 그림을 그렸었는데 남편의 반대로 하던 공부를 접고 결혼을 했습니다. 항상 그게 아쉬움으로 남아 있습니다. 그림 공부를 다시 해보고 싶어요. 공부를 마치고 난 후에는 갤러리를 차려 좋은 작품을 전시하고 싶어요. 그러면서 새로운 사람들을 만나 새로운 세계를 보고 싶어요."

2시간 30분 동안 상담을 하고 집으로 오는 길. 휴대전화에 한 통의 문자메시지가 도착했어.

'선생님, 졸업 후 한 번도 못 가봤던 모교에 갔습니다. 6년이나 오르내리던 그 길을 내려오면서 정말 행복했습니다. 내 비문에 새기고 싶은 말이 드디어 생겼습니다.'

그 여인은 이제 한 줄의 글을 써놓고 힘차게 비상할 거야. 자신이 하고 싶은 일을 꿈꾸게 되었으니 벌써 높게 비상한 거지.

암도 함께
안고 가리라

　나는 일 년에 두 번 암수술을 했어. 항암치료도 9회를 받았어. 아직 내 몸 안에 암세포가 남아 있는지 없어졌는지 몰라. 확인해 보고 싶은 마음도 없어. 이제는 병원에도 안 가.

　제아무리 성능 좋은 가전제품도 오래 쓰면 고장이 나서 A/S를 받게 되지. 그런데 나는 암수술을 하기 전에는 칠십 평생 내 몸 안에 있는 장기에 A/S 받아본 일이 없어. 그러니 어느 날 갑자기 칼을 들이대고 배를 가르는 의사들 앞에서 내 장기들은 얼마나 당황하고 놀랐겠나 싶어. 그리고 9개월 동안 장기의 동의도 안 받고 무차별로 독한 약을 넣고는 내 몸에게 한없이 미안했어.

　이제 나는 매일 내 몸 안의 장기와 이야기를 나눠. 암으로 수술을 받기 전까지는 나를 사랑한다는 것이 어떻게 하는 것인지 잘 몰랐어. 또 내 몸과 대화를 해본 적도 없어. 다른 사람들은 몸을 위해 좋은 음식을 골고루 먹고 있을 때 나는 가장 먹기 쉬운 빵 한 조각으로 때우곤 했지. 어떤 날은 그나마도 넣어주지 않고는 무식하게 변비라고 변비약만 밥 먹듯이 삼켰어. 남들처럼 세 끼 밥을 몇 번이나 먹었는지 셀 수도 있을 정도니 몸을 심하게 학대하며 살아온 거지.

아프면서 깨닫기 시작했어. 내 몸에게 참 미안한 짓을 하고 살았다는 것을. 한도 없이 미안했어. 내 몸에 붙어 있는 어느 것 하나도 내 것이 아닌데, 나는 다 내 것이라고 착각하면서 악덕 주인 노릇을 한 거야.

암이 아직도 내 속에 남아 있다면 이젠 내 몸을 힘들게 하지 않을 거야. 암 세포고 건강한 세포고 우리는 함께 가는 거야. 저 무덤까지. 내 수명이 너를 따라가고 너는 나를 따라, 우리는 운명처럼 함께 가는 거야.

이제 나는 시간이 되면 내 몸속에 적당량의 음식을 공급해주는 일을 놓치지 않아. 속에서 무척 좋아하는 것을 본능적으로 느낄 수 있어. 늦은 감이 있지만 지금이라도 자기들을 상냥하게 불러주고 보살펴주니 좋은가 봐. 내 뱃속이 항상 평안한 걸 보면 말이야.

휴식10

세상에 남기는 마지막 편지

유서

　유서는 죽은 후에 내가 남긴 재산을 교통 정리해주는 역할을 하지. 나는 남겨줄 재산이 하나도 없어. 빚을 남겨놓고 가지 않으면 다행이지.

　그런데도 나는 결혼하고 3년 뒤부터 유서를 꼭 써왔어. 내가 쓰는 유서는 유서가 아니라 인생 연말결산서 같은 거야.

　버릴 것은 무엇이고 챙길 것은 무엇인가? 헌 수첩에서 새 수첩으로 바꾸면서 이런 정리를 하는 거지.

　요새는 나이 들면서 하지 말아야 할 것을 한 해에 하나씩 고치기, 아깝고 아프지만 버리면 좋을 것을 분명히 버리기, 이런 데

신경을 많이 써.

　어느 해 초에는 '올해 내가 꼭 하고 싶은 것은 말을 많이 하지 않고, 남의 말을 잘 듣기'라고 적은 적이 있어. 연말에 되돌아보고 100점에 도달하지 못했다고 채점이 나오면 다음 해로 다시 가져가지.

　'올해 이 사람은 정리를 해야겠다.' 이런 내용도 있어. 내 인생에 도움이 안 된다고 판단한 사람은 수첩에서 깨끗이 지워.

　제야의 종소리를 들으면서 나는 나를 세탁했어. 2010년 12월 수술하기 전날 일산병원 암병동에서 딸에게 '엄마가 수술실에서 그대로 가면 이렇게 해달라'고 부탁했지.

1. 알릴 곳은 명단에 적힌 23명이 전부야. 여기만 연락하고 나중에 엄마 찾는 전화가 오면 "언제 가셨습니다."라고 말해주면 돼. 내 휴대전화 유효 기간은 30일이야.
2. 오늘 사망하면 다음날 화장해라.
3. 수의 입힌다고 벌거벗겨놓고 새 옷 입히지 마라. 내가 입은 옷 그대로, 엄마가 늘 덮고 자던 홑이불로 나를 덮어라.
4. 조의금은 받지 마라.
5. 가루는 절대 항아리에 넣어 납골당에 두지 말 것. 그때 상황에 따라 너희들이 처리하기 좋은 방법으로 알아서 뿌리고 싶은 곳에 뿌려라.

6. 절에 가서 49제 하지 마라. 제사 지내지 마라.
이 세상에 와서 70년간 살았던 내 내신성적표를 그대로 갖고 가는 것이니 기도나 염불 잘해준다고 내 내신성적이 바뀌지 않는다. 나는 내 성적표 들고 가서 심판 받을 것이다.

부록

1. 엄마가 숨을 멈추면 숨 쉬라고 다른 방법 쓰지 마라. 평안하게 가고 싶다.
2. 화장이 끝나고 유골을 땅에 뿌릴 때까지 엄마가 항상 듣던 CD만 틀어라. CD는 책상 위에 있다. 내가 사랑하는 음악 들으면서 환상의 섬 이니스프리로 천당 가는 마음으로 갈 것이다.

슬퍼하지 마라. 내가 행복하게 가는데 울긴 왜 울어. 너희들이 너무 슬퍼하면 내가 힘들어!
꼭 지켜주기 바란다. 이상.

우리는 죽음 앞에서 생의 의미를 깨닫게 돼.

손뜨개질을 하다 보면 한 코 한 코를 잘 뜨다가 어느 순간 한 코를 놓치는 일이 있어. 한참 실을 뜨다가 뒤늦게 한 코가 빠져 있는 것을 발견하지.

작품을 제대로 완성하려면 실을 풀어 코가 빠진 지점까지 되돌아가야 돼. 풀기가 아까워 그대로 가면 불량품이 되는 거야.

에필로그

에필로그

지상에서
마지막 기도

나는 책을 사랑했고 책 읽기를 좋아했어.

식탁 위에도, 화장실에도, 핸드백 속에도 책이 한 권이라도 있어야 마음이 평안했어.

배우자를 선택할 때도 그 사람이 책을 좋아한다는 이유가 우선했지. 가난도 다른 어려운 조건도 문제가 되지 않았어.

그동안 살면서 주위 사람들에게 책을 쓰라는 말을 참 많이 들었어. 그러나 단 한 번도 책을 써야겠다는 마음을 먹어본 일이 없었지.

내가 하는 일은 사형수 상담. 교도소는 죄를 지은 사람이 들어가기는 쉽지만 죄를 짓지 않은 사람이 들어가기는 불가능한 곳이야. 그래서 교도소 안의 생활은 많은 사람들의 호기심을 불러일으키지. 거기서 사형수는 어떻게 살고 있을까? 집행은 어떻게 하는 것일까? 그 끔직한 범죄자들의 속내는?

세상 밖 사람들은 교도소 안의 생활을 많이 궁금해해. 사형수를 상담한다는 이유 하나만으로도 종교위원은 방송이나 잡지사 기자들에게 좋은 인터뷰 대상이 되는 거야.

2003년도 월간지 〈행복이 가득한 집〉에 내 기사가 실린 적이 있어. 그 기사를 보고 한 출판사에서 나에게 책을 써보자고 찾아왔어. 2시간 30분 동안 책을 쓸 수 없는 이유를 설명하며 상대를 설득했어.

"일 년에 책 한 권도 안 읽는 사람이 태반인 우리나라에서 매주 몇 백 권씩 책이 쏟아져나오고 있다. 내가 책을 안 써주는 것이 공해를 줄이는 길이다."

그러나 출판사는 일 년하고도 반년 동안 집요하게 나를 설득했어. 몇 사람과 상담도 해보고 마지막으로 딸들의 허락을 받아 《인생 9단》이라는 책이 3년 걸려 세상에 나왔어.

당시 내 나이 65세. 경로석에 앉아 있어야 할 나이에 나는 책 홍보를 위해 38선에서 시작해서 제주도 땅끝까지, 신문, 방송, 잡지, 강의, 상담 등 최선을 다했지. 출판사가 하라는 대로 움직이다가 내 몸을 혹사한 거야.

강의만 200여 번, 상담 100여 번.

책이 유명해진 만큼 내 몸 안에 암덩이도 자라고 있었어. 2010년 1월, 나는 대장암 수술을 받았어. 그리고 두 번째 수술을 2010년 11월에 받았지. 한 해에 두 번 수술, 그리고 항암치료 9개월. 2011년 4월 말로 완치라는 확인도 해보지 않고 나는 거기서 끝내기로 했어.

이번 책《어른 공부》는 꼭 써야 할 이유가 있었어. 나는 수술대 위에서 마취가 되기 직전 지상에서의 마지막 기도를 했지. 깨어나면 '의미 있는 일'을 하게 해달라고. 내가 만난 소중한 인연들에게 살아가는 힘을 주는 일을 하고 싶었어. 비틀거리고 일어서지 못하는 사람의 손을 잡아주고 잠시 기댈 수 있도록 해주는 역할이 내가 할 수 있는 가장 의미 있는 일이라고 생각했어. 그리고 이 책을 잉태하게 되었지.

물론 인간인 내가 또 다른 한 인간을 처음부터 끝까지 완성품으로 만들어줄 수는 없어. 그 사람이 힘겹게 인생의 퍼즐을 맞추는 가운데 내가 퍼즐 한 조각을 놓아줄 수 있다면 그것만으로도 족하지.

내 몸에 아직 암이 남아 있다면 이제는 안고 가리라. 살기 위해서 몸부림치고 싶지 않아. 암이라는 굴레 속에 갇혀 병들어가는 내 정신에게 더 이상 고통을 주지 않으리라.

나는 다 내려놓았어. 운명의 그날이 나에게 오면 그날 나는 암을 안고 가리라.

그러고 나니 미움도 사랑도, 좋은 것도 나쁜 것도, 고통도 환희도, 세상을 향한 꿈도 미련도, 어느 것 하나 나에겐 의미가 없어졌어. 한없이 평안하고 한가로워졌지. 세상이 나를 놔준 것 같아.

세상과 나 사이의 빗장이 활짝 열려버리듯 삶과 죽음의 경계선이 무너져버렸어. 나는 이 세상을 이미 떠난 것 같아.

두 분의 선생님께 바치는 편지 ①

제가 양순자 선생님을
필요로 합니다

"선생님(의사는 나를 선생님이라고 불렀다)! 소견서를 가지고 큰 병원으로 가보셔야 될 것 같습니다."

나를 달래듯 조심스럽게 의사 선생님이 말했어.

"제가 잘 알고 있는 교수님이 일산병원에 계시는데 그곳으로 소견서를 썼습니다. 잘 해주실 겁니다. 빨리 가셔야 합니다."

큰 병원으로 가보라는 말은 이미 큰 병에 걸린 상태라는 말. 나도 조심스럽게 말했어.

"선생님, 그냥 안 갈랍니다."

선생님은 깜짝 놀랐지.

"의사 선생님, 고만 살랍니다. 지금 70살인데 이젠 더 살고 싶은 마음도 없어요. 그렇다고 걱정이나 고민이 있어서 그런 것도 아닙니다. 그냥 평안하게 사는 날까지만 살고 가겠습니다."

"안 됩니다."

이젠 의사 선생님의 목소리가 커지더니 나를 혼내는 모양새야.

"이 상태에서 치료를 거절하는 사람은 단 한 사람도 없었습니다."

"이번만은 내 마음대로 하고 싶습니다. 지금까지 살아오면서 져주고 사는 것도 많이 했고 손해 보는 일도 많이 했습니다. 내 마음대로 소리치고 이겨본 일도 없이 바보처럼 살았습니다. 이제 내 생명 관리 하나는 내 맘대로 하다 가고 싶습니다. 이 나이에 죽는다고 너무 빨리 갔다고 통곡할 사람도 없고 살아 있다고 한들 대단한 도움이 될 일도 없을 거 같습니다. 그냥 이대로 가고 싶습니다."

순간 의사 선생님은 자리에서 벌떡 일어나 양손으로 내 손을 덥석 잡았지.

"선생님, 제가 양순자 선생님을 필요로 합니다. 저를 위해서 가주십시오."

의사 선생님은 뒤돌아서 눈물을 닦았어. 아들 같은 의사 선생님의 뒷모습을 보면서 이 독한 마음이 우루루 내려앉았어. 나는 흔들리기 시작했어.

'당신은 나에게 누구입니까? 나 여기서 약해지면 안 되는데.'

의사가 환자를 위해서 울다니. 지나가는 개도 웃을 일 아닌가. 나와는 혈연도 아니요, 단지 내 책을 읽고 감동했다는 독자일 뿐. 우리는 환자와 의사 관계인데 말이야.

지금도 매달 혈압약을 처방 받으러 그 병원에 가고 있어. 단 한 번도 의사 선생님은 앉아서 나를 맞이한 적이 없어. 그 마음이 너무 고마워서 나는 속으로 이렇게 말했지.

'나는 지금 당신 때문에 살고 있습니다.'

병원비를 낸 적도 없어. 그냥 가라고 하면서 이렇게 말했어.

"부담 되십니까? 나도 좋은 일 좀 하게 해주십시오."

나는 미안하면 몸이 아픈 사람이야. 그러나 그 마음이 너무 고와서 거절하면 더 아플 것 같았어.

"제가 양순자 선생님을 필요로 합니다."

원장님, 언제까지 이 말은 유효합니까?

의사가 되지 않았으면 세상의 거친 파도에 숨을 몰아쉬다 쓰러져버릴 것 같은 풀잎 같은 배 원장님. 양순자가 당신을 지키겠습니다. 이의 없으시죠?

행신연세내과 배상운 원장님에게 글로나마 감사의 인사 전하고 싶습니다. 그리고 한없이 사랑하고 존경한다는 말도 전하고 싶습니다.

두 분의 선생님께 바치는 편지 ②

언어의 위대한 힘

과장님,
양순자 환자입니다.
2011년 4월 이후 더 이상의 항암치료는 포기했습니다.
저는 현재 잘 살고 있습니다.
5일 전에는 강원랜드에 강의도 갔다 왔습니다.
다음 주에는 인천대학에도 갑니다.
살아볼려고 억지로 애를 쓰고 있지는 않습니다.
오늘 하루가 마지막이라고 여기며 살고 있습니다.
사람은 아파서 죽는 것이 아니라
운명이 다하면 죽는다고 생각합니다.

운명의 그날이 오면 기쁘게 가겠습니다.
연말에는 살아 있는 것을 확인시켜 드리려고
과장님을 꼭 찾아뵙겠다고 저 혼자 약속했지요.
2011년 12월 이 편지와 CD 한 장을 들고 병원에 갔습니다.
그러나 그냥 와버렸습니다.
그때 못 드린 편지 지금 여기에 쓰고 있습니다.

배 원장이 준 소견서를 들고 찾아간 일산병원 소화기내과. 하루 전날 4리터나 되는 물을 죽기보다 더 힘들게 마셨어. 10시 30분에 간호사가 왔어.
"보호자는 함께 왔습니까?"
"보호자라니요? 저는 혼자 왔는데요."
"그럼 장내시경을 못합니다. 수면 장내시경은 잘못될 경우를 생각해서 보호자가 꼭 동행해야 됩니다."
아니 그놈의 물 먹느라 밤새 죽을 고생을 다하고 왔는데 못 한다니!
내 머릿속에선 금방 만 가지 생각이 왔다 갔다 했어.
'그래, 그만하자.'
배 원장이 간곡히 부탁한 소견서를 일단 제출하긴 했으니 여기서 끝내자. 속으로 잘됐다 싶었지. 그때 간호사 이야기를 옆에서 듣고 있던 과장님이 우리 대화에 끼어들었어.

"간호사, 이 환자가 지금 떨고 있어. 어르신, 저를 믿고 수면으로 하지 말고 그냥 한번 해보실래요?"

환자가 지금 떨고 있다고 느끼고 따뜻한 말로 안아주신 의사 선생님.

'저를 믿고', '저를 믿고' 그 한 마디가 너무나 진실되고 평안했어. 지상에서 가장 설득력 있는 말이었지. 그분은 수면으로 해도 힘들다는 장내시경을 수면보다 더 평안하게 해주셨어. 엄살스럽기로 유명한 내가 끝나는 줄도 몰랐을 정도였으니까.

드디어 결과가 나왔어. 대장암 말기란다. 나는 또 버티기 시작했어.

"그냥 안 할래요. 저는 보호자도 없고 독거노인입니다."

그때 그 의사 선생님은 또 나즈막히 내 마음을 움직이는 말씀을 하셨어.

"그런 걱정 마시고 보호자가 없으면 의사, 간호사가 있지 않습니까? 저희들을 믿고 수술합시다."

"나 일 년만 살아도 되는데."

"이 상태로는 일 년도 못 삽니다."

나는 귀신에게 홀린 듯했어. 의사 선생님의 따뜻한 말에 녹아 나도 모르게 어디론가 끌려가고 있었어. 그리고 수술을 두 번이나 받았지. 항암치료도 9개월을 했어. 항암치료가 끝나는 날 다시 병원에 확인하러 가지 않았어. 거기서 끝내고 싶었거든.

아직 나는 살아 있어.

세상에는 아름다운 것들이 많이도 있지. 그러나 절체절명의 순간에 내가 들었던 의사 선생님들의 아름다운 언어는 세상 그 어느 것과도 비교할 수 없었어. 죽음도 두려워하지 않게 만든 언어의 신비.

나를 수술대까지 가게 하신 두 의사 선생님의 언어의 힘은 죽는 그날까지 나를 마취 상태에서 못 깨어나게 할 것 같아.

그 꿈속에서 살다 가고 싶어.

이 책은 바로 당신들의 언어 속에서 태어난 한 송이 꽃입니다.